I0471049

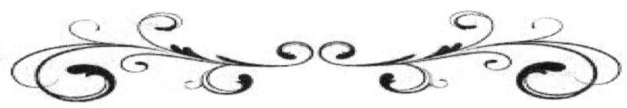

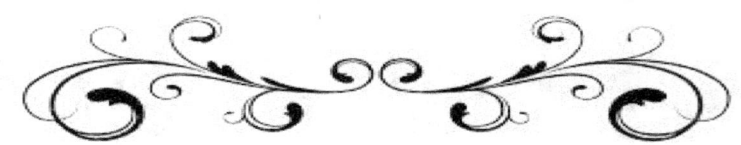

Cinco Mundos

Quíntuples 2013

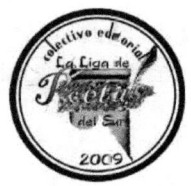

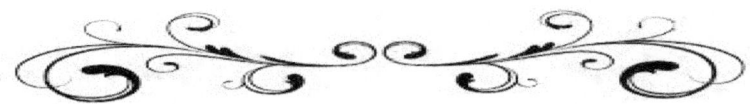

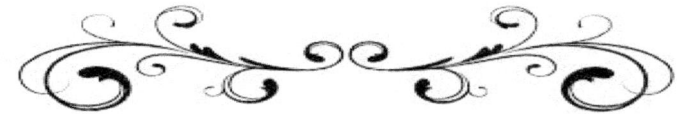

Cinco Mundos
Primera edición
©2013 Quíntuples
Todos los derechos reservados
Colectivo Editorial La Liga de Poetas del Sur
Inc.
quintuples2013@gmail.com
ISBN-13: 978-1492713562
ISBN-10: 1492713562

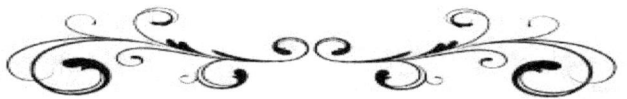

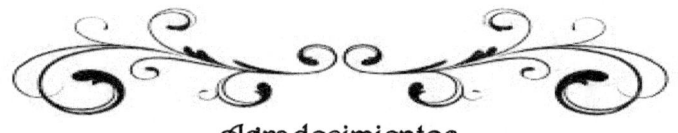

Agradecimientos

Zatara

Agradezco primero que todo a Dios por permitirme vivir de ésta experiencia. A mi madre Nora Cruz por creer en Las Quíntuples y darnos sus consejos y su apoyo, sin ella este proyecto no sería posible. A mi familia, a mi esposo Joe, gracias por tu inmenso amor. A mis cuatro musas, mis hijos Michael, Ian, Joseph y Brian porque son mi sostén y mi inspiración.

Sira Fénix

Mi agradecimiento mayor es para Dios quien en su plan divino e inentendible me ha llenado de talentos para que pueda dar ejemplo y ser lo mejor que pueda ser. A la vida por actuar a mi favor. Gracias a mi madre, quien dijo sí a la maternidad y de quien heredé mis talentos. Por su estímulo positivo constante, por creer en mí, aceptarme y nunca rendirse conmigo. A mis hijas, Marla Marie y Lyann Sophia quienes son mi razón de ser. A mis hermanas de Quíntuples por caminar conmigo. Por todo y todos aquellos que han tocado mi vida de una u otra manera, porque han colaborado sin saberlo para que hoy sea quien soy. A todos y todas, Gracias!

Kattunice

Mi agradecimiento grandemente a Dios, por regalarme los talentos que poseo. A la vida que me enseña a luchar y a aprender diferentes cosas cada día. Agradezco infinitamente a mi madre Nora Cruz (Solangedar), por sacar lo mejor de mí e impulsarme a crear. Muy en especial a los seres que son mi fuente de inspiración para escribir y mi razón de vida; mis dos amados hijos Xavier y Kike, sin ellos nada... y a tí Miguel, mi amor, por apoyarme y acompañarme en este caminar..

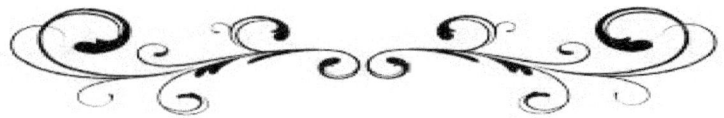

Marieletor

Mi agradecimiento fundamental a Dios por darme la oportunidad de vivir, dotarme de talentos y permitirme vivir este sueño. A mi hermosa madre Nora Cruz Roque por inculcarme, guiarme y contagiarme con su musa. A mi familia, mi esposo Fory y a mis hijos Noryeth, Airam, Kevin y Yennuel; por compartir conmigo los procesos de mi vida, por siempre entenderme y respetar pacientemente la dedicación y esfuerzo puesto en este libro. A ellos mis infinitas gracias por su comprensión y apoyo. A todos esos poetas emprendedores que me enseñaron que los sueños con acción, son realidades productivas. A todos ustedes que invierten su tiempo en leer estas líneas, mil gracias.

Auset

Le agradezco al Padre Todopoderoso por regalarme una nueva vida, un volver a respirar. Por dejar que su luz alumbre mis talentos los cuales permitirán deslumbrar la vida de mujeres de lucha. Muy agradecida con la vida que ya que todas las experiencias vividas han sacado lo mejor de mí; talentos y ansias de seguir levantándome de las caídas más fuertes que nunca. Mis estrellitas Shanice, Ariadna y Kael a quien le dedico mis poemas. Son mi Fortaleza para alcanzar lo inalcanzable, por ellos... la vida, los amo. A mi madre Lourdes a quien amo con mi último suspiro y que ha sido un gran apoyo en mis caminos. A mi segunda madre Nora, fuente de inspiración, quien me guía por los caminos poéticos de la vida y a mis cuatro hermanas en Cristo: Amba, Maru, Ive y Eli. Todas con su chispa única han dado lo máximo en apoyarme en toda esta gran travesía de Quíntuples, las admiro, grandes mujeres de inspiración. A tí lector gracias, por permitir que mis poemas llenen tus días de lectura de emoción y de ternura.

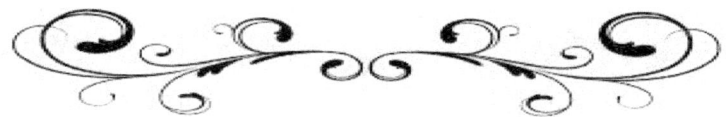

Notas Diferentes

Alguna vez te has preguntado: ¿Por qué yo, que es el amor, cómo se debe vivir mejor? ¿Te has preguntado cómo ciertos elementos de la naturaleza influyen en las personalidades de los seres humanos, de las mujeres?

Yo también me he cuestionado lo mismo muchas veces. He hallado un lugar en donde puedo dejar fluir mi imaginación y cabalgar junto a mi intelecto para descubrir otras verdades que compartidas contigo me han llevado a conocer otras realidades. Los talentos son para compartirlos, para que se multipliquen. Por eso este libro es para tí...

Cinco Mundos...refleja el entorno y la vida íntima de cinco mujeres. Sus luchas, sus pesares, sus alegrías y triunfos. Mujeres que como tú y yo, hemos vivido experiencias influenciadas por diferentes medioambientes y situaciones que nos hacen quienes somos hoy día. Quienes a orgullo pueden gritar a viva voz, yo puedo, soy especial. En forma de poesía, prosa y otros estilos literarios hoy queremos abrir este espacio para tí. Para que te identifiques, compartas e inmersas en nuestro viaje por la vida, con deseos de una amplia perspectiva ante los retos diarios, pero con mayor ahínco sobre el futuro brillante que nos espera. Poseemos personalidades muy diferentes y mucho en común. Con una mirada hacia un futuro prometedor y lleno de grandes expectativas te invitamos a conocernos.

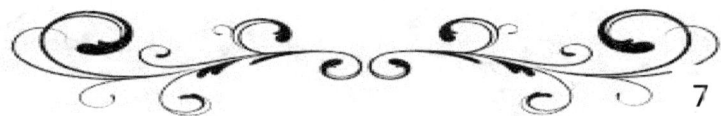

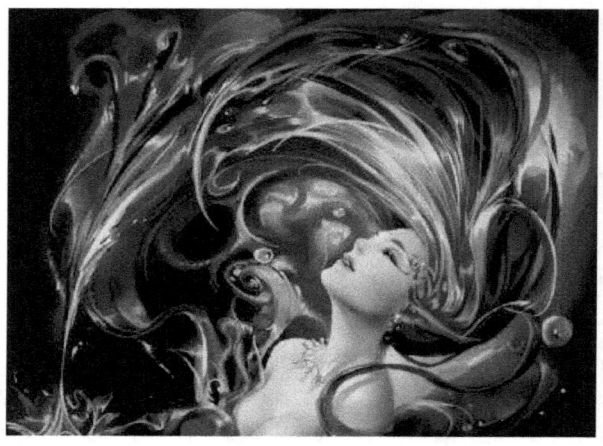

Cinco Mundos

 Fuerzas de la naturaleza, elementos que influencian en las vidas. Elementos, que transforman una vida, y cómo éstos han transformado NUESTRAS vidas, la vida de las Quíntuples. Somos cinco mujeres, identificadas con cinco elementos. TIERRA, METAL, FUEGO, MADERA Y AGUA, elementos que son vida en la naturaleza y son la naturaleza de nuestras vidas. Cinco elementos, transformando cinco personas así como los cinco dedos de una mano, le dan fortaleza para agarrar, para cubrir y proteger, así somos. Cinco personas, cinco mundos, cinco sentidos, cinco uniones y nos atamos una a la otra en busca de ideas, con hambre de lucha, de amor y de libertad. Las Quíntuples, cinco extraordinarias mujeres con un pasado aventurero, y mirando un presente vislumbrado, unidas siempre hacia a un futuro diferente y prometedor.

 TIERRA: fertilidad inagotable, cosecha, energía y nutrición. La naturaleza nos regala su fértil elemento para que aprendamos de ella y nos nutramos por su existencia. En nuestro poemario este elemento está representado por la

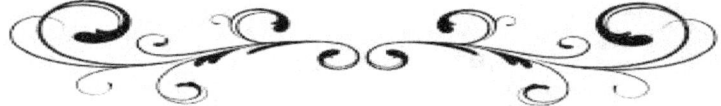

poeta "Zatara". Su pseudónimo significa madera rústica(o sin forma) que con el pasar del tiempo y con la ayuda de diferentes elementos como el agua y el viento ha sido modificada a una forma más estilizada. Una mujer dedicada a la vida maternal, emprendedora y luchadora constante. Todos sus logros se ven canalizados en la cosecha de sus frutos como tronco firme e incansable que nunca cesa de producirlos. Su estilo es uno motivador, de experiencias y de luchas. Valoriza seguir hacia adelante, a pesar de los obstáculos que se encuentre en la vida.

METAL: elemento estructurado, independiente y poderoso. Elemento que sale de la tierra como raíz de una semilla cosechada. Influencia de energía y equilibrio, así es la poeta "Kattunice" pseudónimo que la caracteriza por la unión de dos palabras "Katta" (gato en griego) que con sus cualidades de misterioso seductor y solitario animalito muestra su amor cuando lo desea. Así es nuestra poeta, en unión con Eunice su segundo nombre que significa Victoria. Así, en su forma de escribir nos presenta su simpleza, pero a la vez su pasión por el amor y constantes luchas existenciales que la hacen victoriosa. Es quien siempre ha permanecido de pie, pues se mantiene equilibrada. Mujer decidida a conquistar el mundo, constante e independiente en todos sus actos. Siempre ecuánime ante las situaciones, aunque como humana se derribe y vuelva a salir a flote. Así es el metal se ve controlado por el fuego y damnificado por la corrosión que le causa el agua, pero siempre estructurado, imponente y decido a seguir existiendo.

FUEGO; calor impulsivo, pasión poderosa, brillantez incalculable, fuerte luz que ilumina, guía y encamina. Elemento que con su impresionante poder purifica, limpia y sana. "Marieletor" pseudónimo inspirado en la unión de letras de sus tres animales preferidos mariposa, elefante y tortuga y cualidades de éstos que la describen. Mariposa por sus deseos de volar que

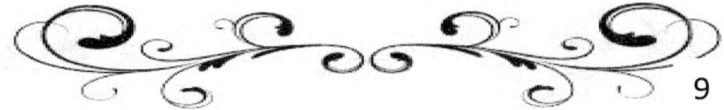

expresa en sus escritos, elefante por lo poderoso y brillante que es éste y tortuga por su candidez y espiritualidad. Ella funde sus emociones en sus escritos expresando pasión, calor y su humana percepción de lo existencial que le rodea. Su intención es lograr iluminar al lector con la idea de su percepción de vida y el brillo en los diversos temas en sus poemas.

MADERA; representación de fuerza, voluntad y lucha. Significado de protección, refugio y valentía. La poeta es influenciada con este elemento pues con su larga travesía ante la vida se ve impulsada a sobrevivir ante las circunstancias de ésta. Quien más que "Auset" pseudónimo que representa la diosa de la maternidad. Como soldado de guerra dispuesta a derribar todo enemigo para lograr su existencia. Su voluntad y poder de lucha quedan plasmados en sus escritos al amor, maternidad y protección, pues se siente cobijada y protegida con el refugio que le brinda su propio elemento.

Finalmente AGUA; símbolo de pureza, transparencia e ingenuidad. A la vez simboliza poder y nos influencia con su creatividad y confianza. Es interesante recalcar como el agua nos une a todos pues sin agua ningún ser pudiera sobrevivir. La poeta "Sira Fénix" quien con su pseudónimo nos hace volar como el ave y a la vez transforma nuestra existencialidad en una positiva. A pesar de las vicisitudes de la vida, la primera parte de la combinación de su pseudónimo nos exhorta a ser positivos en todo momento. El elemento Agua, influencia en la poeta al fluir con serenidad pero puede ser muy poderosa. Así lo notarán en sus escritos, profunda inspiración llena de una voz que clama ser liberada para alzar vuelo como el ave Fénix.

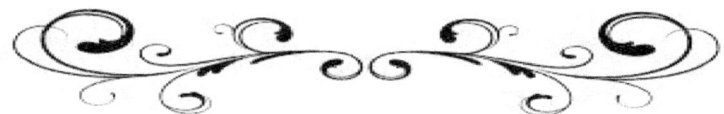

Este ciclo de vida de nuestras existencias queda influenciado por el ciclo de los elementos mencionados. La tierra, elemento supremo, antes que todos, con su energía y fertilidad alimenta el metal y nutre el fuego. El metal, que proviene de la tierra, es controlado por el fuego y transforma la madera. La madera es nutrida por el agua, es la materia prima del fuego, es dominada por el metal y a su vez es disuelta por la tierra. El fuego, lo nutre la madera y su calor hace maleable el metal, pero el mismo es controlado por el agua. Nuestro último elemento; el agua obtenida a través del metal, alimenta la madera, apaga el fuego y es absorbida por la tierra, siendo así como comienza un nuevo ciclo. ¡Nuestro nuevo ciclo! para llevar el mensaje a través de nuestros escritos de que existimos, de que podemos, de que luchamos y de queremos ser escuchadas.

Toda creación se ve influenciada por algo más y eso es el AMOR. Éste, que es un sentimiento, no un elemento, viene de Dios en su infinito amor para con el mundo y creó la naturaleza. A partir de ésto surgen nuestros elementos. El amor ha sido, es y será un sentimiento que nos une desde nuestra pequeñez hasta la adultez, pues hemos sabido ser cinco gotas de agua que al unirse forman un mar, cinco ramas de un árbol que está próximo a florecer, somos también cinco almas en lucha que buscan libertad, somos cinco hermanas cual por naturaleza inexplicable siempre unidas están. Somos CINCO MUNDOS distintos que se unen como iguales para tí...

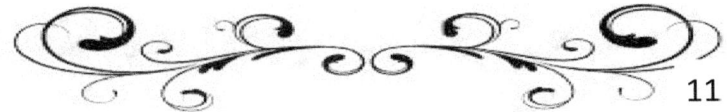

Tabla de Contenido

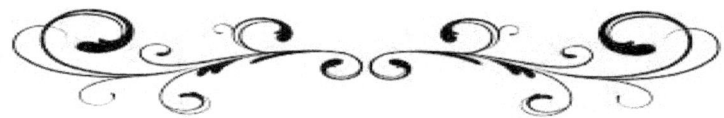

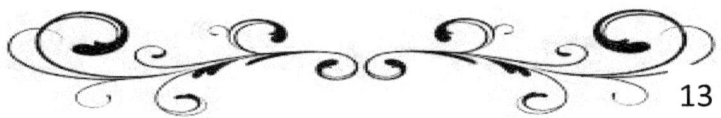

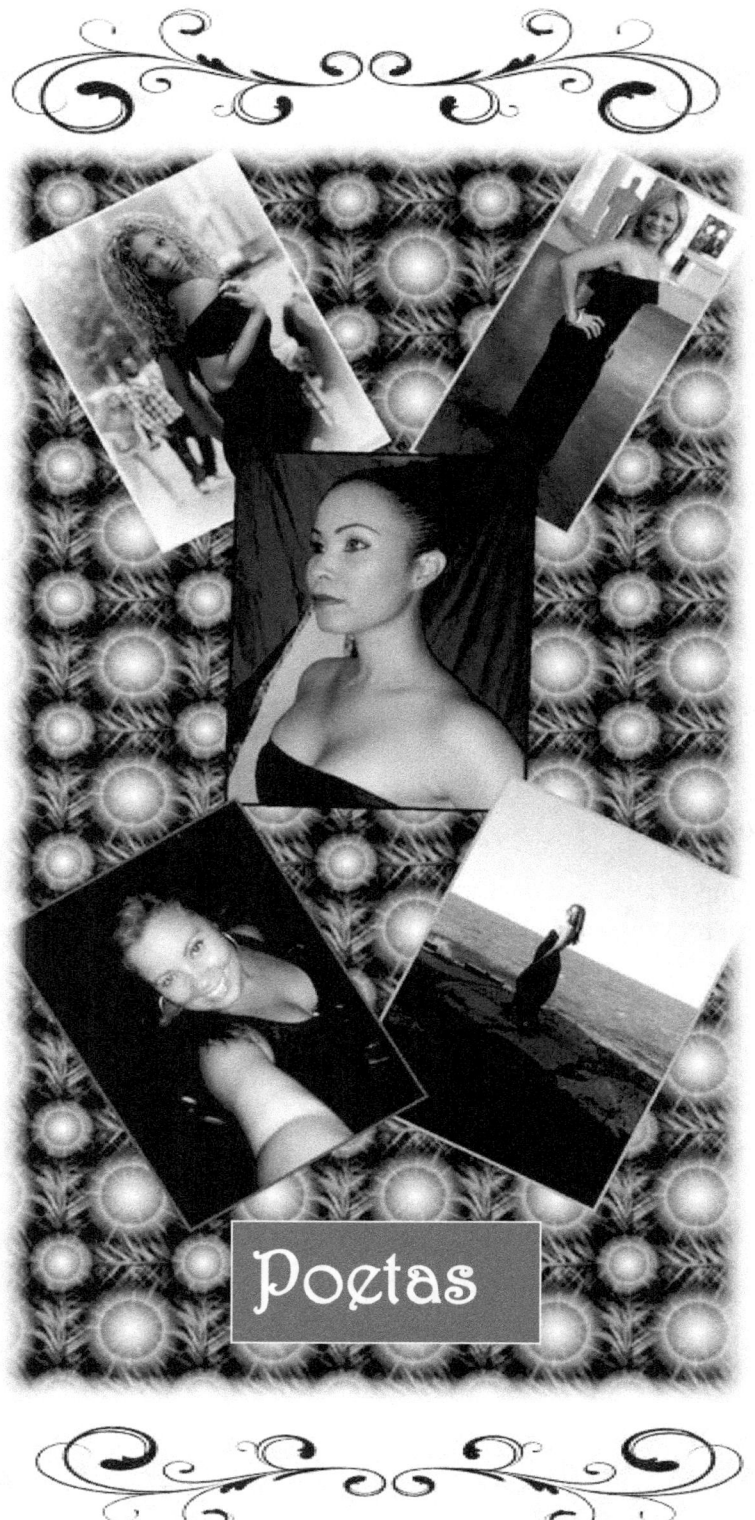

Poetas

Patsy Arrechea Polanco
(Auset)

Nace en Guayama Puerto Rico un 24 de noviembre de 1978. Hija de padre colombiano y madre puertorriqueña. Posee preparación en Educación Preescolar y en Banca, obtenidos en la Universidad Interamericana de Puerto Rico, Recinto de Guayama y el Instituto de Banca y Comercio de dicho pueblo. En su niñez siempre demostró un gran interés y pasión en la música, teatro, modelaje, lectura y escritura. Comenzó escribiendo canciones y cuentos desde muy corta edad. Demostró su talento en el baile perteneciendo a las Batuteras Municipales de su pueblo natal, representando a dicho pueblo en diferentes ocasiones a nivel Isla. Ha participado en obras teatrales escolares y actualmente es modelo en los Estados Unidos en donde se dedica a llevar su talento y raíces culturales por doquier.

Recientemente fue premiada como primera finalista en el *Certamen Boston Camera Club Model of the Year*, a su vez ha llegado a participar en pasarelas de diseñadores locales e internacionales, *NYC, Boston y Connecticut Fashion Week*.

En el aspecto comunitario y profesional es Consejera de Vivienda, ayuda a familias e individuos que no tienen hogar y necesidades primordiales. También aconseja a mujeres que han sufrido o sufren de violencia doméstica. Es joven madre de sus tres estrellitas como les llama de cariño: Patsy Shanice Araujo Arrechea, Ariadna Ylexis Ruiz Arrechea, Kael Alexis Ruiz Arrechea. Ellos son su horizonte para seguir triunfando y sacar su familia adelante.

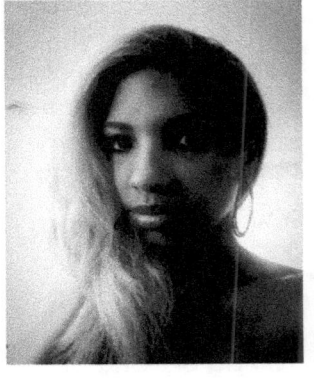

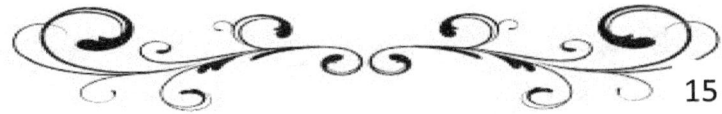

Auset

Mi yo
Construir del fondo hacia arriba.
Vida en proceso de restauración.
Cimientos en proceso de fijación de vida.
Cautelosa, observas tu yo.
Escudriñas tu interior con el supremo
Te encomiendas a Él en esta restauración .

Soy el sol,
Soy energía,
Soy vida y soy mujer .
Doy humildad,
Doy amabilidad .

Poco a poco junto con el Gran Alfarero
Hacemos de nuestros horrendos
barros
una forma especial , obra magnifica
con detalles que solo Él da.

Vida en reconstrucción,
vida en restauración.
Fijando los cimientos de vida
con firmeza y devoción.

Soy madre,
doy vida,
soy el sol y la energía.
Yo soy, yo seré
Yo soy el Sol y brillaré.

Desilusión de una sirena

Buscando en descontrol,
como espuma desparramada en tus sentidos.
Explotando escamas de perdición .
Lágrimas de perlas negras por cada recuerdo del mar
dormido.
que las algas marcaban huellas de espesor.
Un amor capturado en los atardeceres iluminados
por la llamas cálidas en manos del desamor.

¡Pirata traicionero,
en carabela tu alma!

¡Aclamo al Dios de los corales negros,
aguas vivas serán tu muerte!
Y mi vida tu perdición .

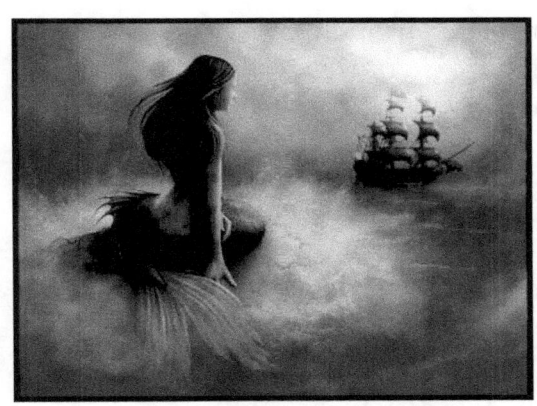

Se esfumó... un sueño

Niña con deseos de ser artista
juguetona, chistosa,
deseosa de estar en televisión.
Soñando con algún día ser mujer de dinero
y distinción.
Se fue...
Se acostó...
Shhh...
Silencio... se fue a volar.

¿Y la niña?
Inquieta por los cuentos de princesa,
imaginaba por ser una de ellas.
Montaba teatros de patio,
escribía,
cantaba,
se reía.

Con ansias de triunfar.
desvelada en la noches viviendo sus días
Horas,
años,
días,
como estrella fugaz pasaba.

Pero sigue aún el deseo fijo como la luz.
Ahora es mujer y vive el hoy .

Misterioso el giro de la vida,
Cambiante,
Hechicera,
Luchadora,
Teniendo claro lo que se quiere .

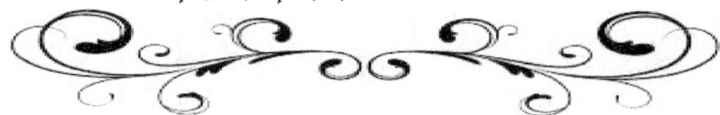

Un torrente de gas terminal, desintegró los caminos y cambió su destino.
Oportunidades abundantes, volaron como las aves, que como tornado tomaron otro rumbo.

¿Dónde quedaron los sueños?
¿Dónde se hacen realidad?
¿Se quedaron entre la plumas?
¿Dentro de los nidos o enredados entre las ondas de tempestad?

Misteriosa dirección,
los andares de la vida.
y el destino,
¿Cuál?
¿El presente?
¿Conformarse?

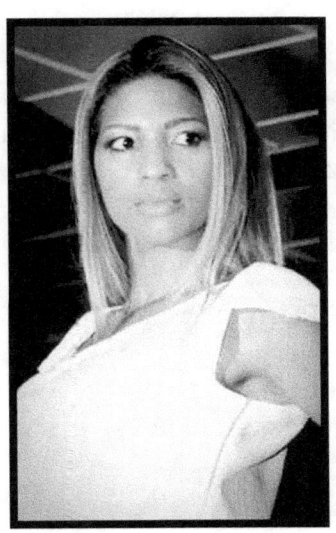

Confundida...

Shhh...

¿San Valentín hoy?

¿San Valentín hoy?
¡Y mi corazón manchado de dolor!
existiendo con latidos pesados, desgastados, rompiendo el
pecho ensangrentado.

Eros te decían, ¡Cupido te llaman!
¿Dónde estás hoy ?
¿Dónde quedaron las fiestas
las parejas, las mujeres solteras del hoy?

Hoy día de poemas,
Hoy día de celebrar amor de cualquier manera.

¡Cupido, mi corazón desea un amor de pareja!
Cupido, mi corazón desea un amor puro que llegue a las
estrellas.

¿Qué pasó San Valentín que te olvidaste de mí?

Te pido un amor de
primaveras,
Te pido un amor dulce,
tan dulce como la vez primera.

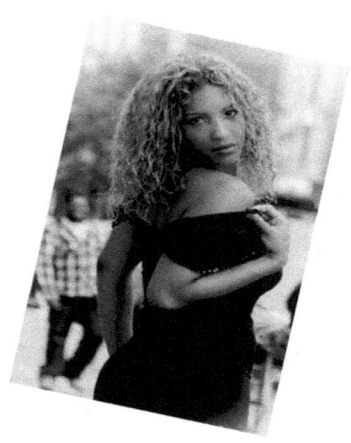

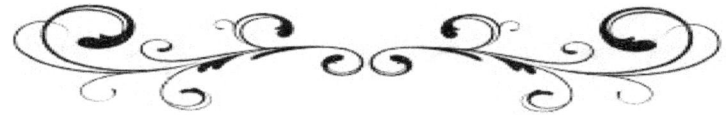

Dentro de mis sentidos

Susurro...viento... silencio...

Recuperando lo que no se puede,
Tiempo que se fue como el otoño,
Me recuperaré
Fugaz las sombras del camino intenso en mi caja latente.
Cuerpo sin cara, danzas con sabor amargo.

¡No veo! ¡No quiero! ¡No siento!

Tres tambores resonando,
tres golpes anunciando lo que no se ve.
¡Ya basta, déjenme !
Cruces enterradas, ¿por qué tanta maldad?
En tinieblas serán tus caminos de abismo.
¡No puedo! Me encierro en esta falsedad sin pausa,
no me dejas respirar.
Alejándose la vida, saboteada de externos avispones negros.

Agudo olor a yerba buena,
en agua fresca despoja mi vida.
Cándida fragancia que mis sentidos despierta y mi aura clara.
Flores en mi cabellera que danzan
al sutil movimiento del aire,
resplandece el sol dentro de mis sentidos.
¡Santos de mi protección lleguen ya!
Mis brazos invocan su atención.
Energías divinas, alumbren mis sentidos .
Mi cabeza siempre en alto,
al cielo me dirige .
Celebro en victoria, como la primera mañana de primavera.

Paz... Nacer...Creer...

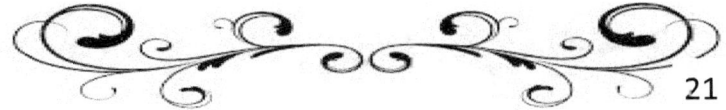

Pirata de amor

Navegando en cuatro océanos
Buscando tesoros, cortando arrecifes de corales dibujando piel de sirena.
Tomando el timón, anclando corazones, oro, plata , baúl de tesoro sumergidos en fantasías.

Perlas, rubíes , zafiros en las arenas.
Piedras mojadas, olas rompiendo la espera del amor de una sirena.
Sirenas...
tu perdición; algas amarrando las huellas de arena dibujadas por él
Cuerpo seco en escamas, algas negras amarrando baúles llenos de ilusiones en almejas.
Amor de cobre, tan oscuro azabache .
El rojo mancha !a traición del navegante errante.
Estrellas iluminan el cielo como faroles mágicos encantados.

Ámbar, Esmeralda y Zafiro azul adicto a ellas morirás por ellas.

En orilla del mar olas adornadas con perlas, esperando el Pirata de Amor. Corales tallados de distintos encantos de la sirena más bella.
El mar te trajo como tormenta en camino, el mar te llevará sin ningún desafío .
¿Cuál será tu destino?

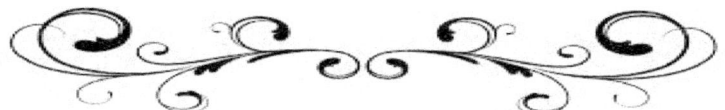

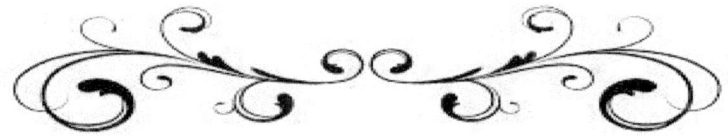

Son las manos de la obscuridad

Tiernas son las manos del amor tan sublime.
Tiernas manos que tan sólo el roce hacia la piel más ruda
Suavizan de lujuria y estremecen de pasión.
Son ellas mismas que abrazaron mis angustias saqueando la
alegría de vivir.
¡Sacudiendo mi sueño! Callado...
¡Sacudiendo mi sentir!
Entrando en vicio que en círculo negro ahoga mi decir.
Acostada en silencio, mi gemir, lágrimas cayendo lavando los
lamentos en agonía .

Obsesión desigual. Increíble decisión.
¿Querer ser libre o libremente acorralada?
Espíritu desechado, asechada mi alma del enemigo gris.
Flor matiz , caricias fundidas por mis poros de corrientes
eternas.

Atorrantes noches de manos obscuras destruyendo la
sensibilidad de piel canela con aroma a café.
Abismo incierto.
Escapando en noches crudas, de tardes solas
Aprisa, en busca por el consuelo de ese dolor estéril.
Implorando piedad, ¡piedad !
¡Basta!
¿Cuándo será el fin? ¿Mi muerte?
Perdón y lástima
¡Mil veces perdón con sabor a lástima!
Declinado el ego, a su vez alimentando la esperanza de la flor
blanca de tal cementerio.

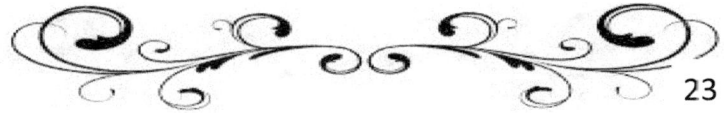

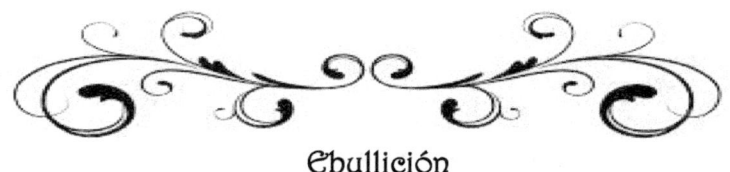

Ebullición

Sangre hierve entre las venas de la desesperación.
Rugen la células,
cada molécula explota dentro de las venas.

Volcán en erupción
Ardiendo la mente de la frustración.
Pensamientos agotados y atados con alambre de púa
ensangrentados.

Manos atadas con candado de 7 llaves perdidas.
Consumidas
7 cadenas en los pies,
7 cadenas con !laves perdidas que no se quitan.

Destinada a esto, en enredadera de emociones,
Oprimiendo cada vez más
Huir
Dejar el tiempo que pase aquí en el la basura
¿Seré capaz?
Desgaste, no quiero seguir.

¿Qué hago?

En erupción,
Lava avanza más y más
Desintegrando el interior de mis órganos.
Ya no hay lágrimas solo humo negro y rojo.
Humo
Quemando
quemadas las esperanzas en rapidez, se las llevó el
Humo
Desinteresada cada una de ellas, no puede ser
Larga la espera

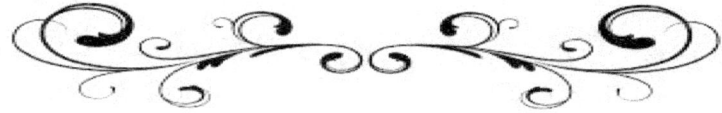

Lava arrasadora, destructora
Desintegradora de ilusiones sanas,
De esperanzas buenas,

¡Desintegra los candados!
Correr, Libre
Quiero correr a mi nido
Llegar a mi
Hogar quiero

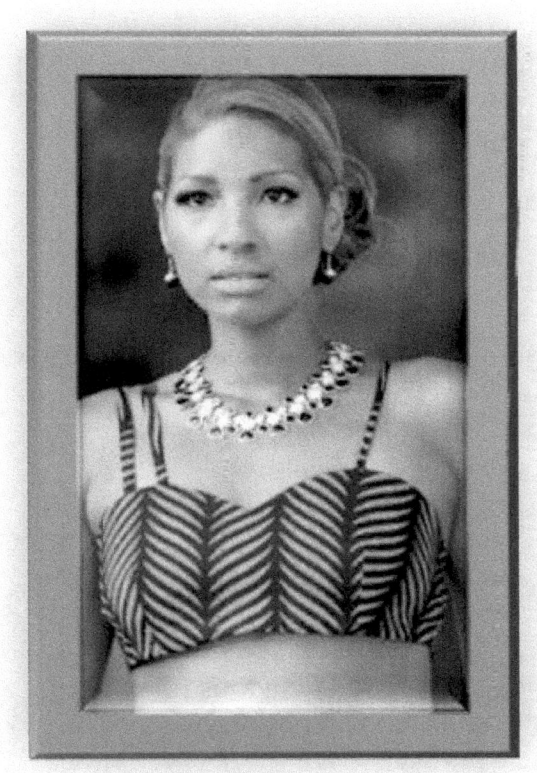

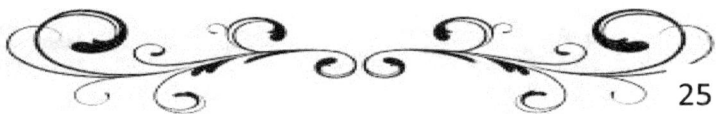

Temporeramente Gris

Como si tuviera que vivir así,
Temporeramente gris.

¿Qué hice mal?
¿A quién maté?
No puedo entender.

Lago negro y extenso sin fin,
mis emociones...
Tierra movediza profunda y espesa mi aflicción .

¡Qué dolor!
Han aflorado sentimientos que jamás pensé sentir

Me pesan los pies, pero sigo en fe.
Bien difícil es ser pobre.

Mantenerme en línea recta.
Hacer las cosas bien, llegar a la meta que es lo que importa.

Aunque cansada me encuentro , todos los días oro al Dios
perfecto.
Fe es mi todo , es mi ser.

Llegan admiradores a mi vida,
llegan en momento de escasez emocional!
de felicidad en szquía
de sonrisas a medias

Mente arropada de vapor puro de tanto pensar, iluminación
divina gritan mis neuronas.
No apta para amar
No apta para reír

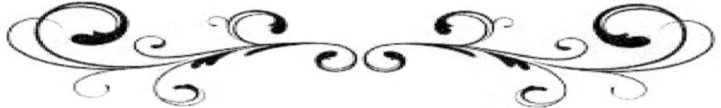

No apta para soñar
Me esfuerzo...
Trato...
Trato...
Trato...

Temporeramente gris hoy.
Temporeramente desconectada, del tal vzz
Temporeramente, sí
¡Mañana será el día feliz!

Fe...
Esperanza...
Nuevo Porvenir

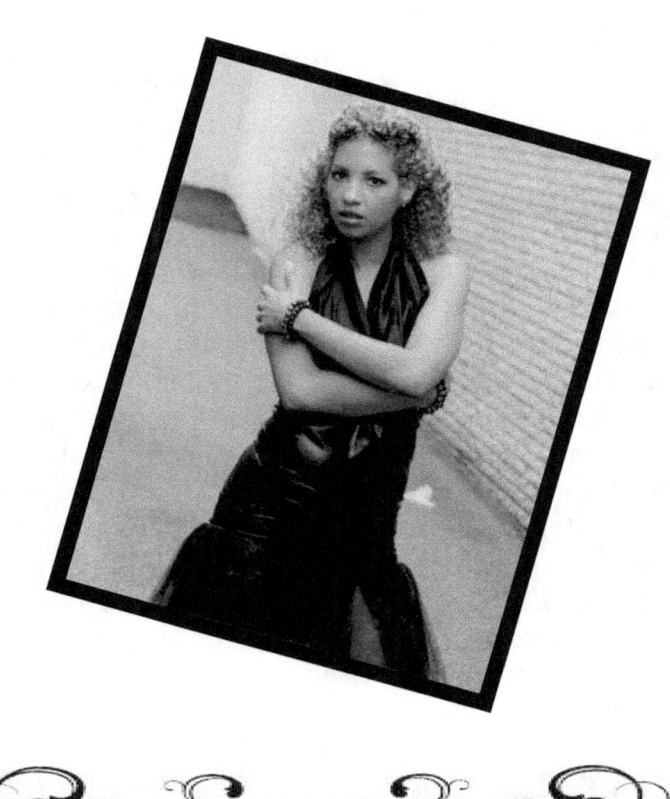

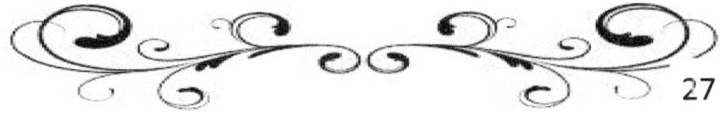

María del Socorro Amaro Cruz

(Marieletor)

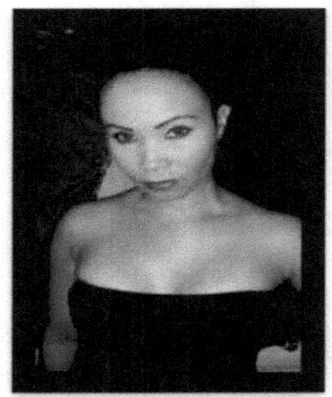

Nace en Guayama un 3 de enero de 1977. Desde muy pequeña ha demostrado interés por la música, el baile y la escritura. Posee preparación en Idiomas (francés e italiano) de la Universidad de Puerto Rico. En su adolescencia formó parte del Ministerio de Música Hosanna de la Iglesia Católica de Guayama y también del Coro de Gira de la Universidad de Puerto Rico Recinto de Ponce. Cursando los grados intermedios y superiores perteneció a diferentes entidades en el que desarrolló y demostró su talento en el baile como el Ballet Folklórico Teatral Guayama y grupo de Danza Moderna *Dance Souls* además de colaborar en la formación de la Academia *Le'Danza.* En el aspecto comunitario y profesional ha ofrecido sus servicios en diferentes escuelas del Distrito de Guayama donde ha demostrado su amor al arte, baile, música y la cultura. Actualmente reside en su pueblo natal donde comparte sus conocimientos de los bailes folclóricos, música y cultura de Puerto Rico a los estudiantes y facultad de *Guamaní Private School* a la vez que fomenta, promueve e inculca a éstos la importancia de nuestras raíces y cultura puertorriqueña. Es una joven madre, amante de su familia compuesta por su esposo y cuatro tesoros a los que ama con su vida, pues son su inspiración y razón de vivir. Esta inspiración por su familia y el amor a la vida es la que

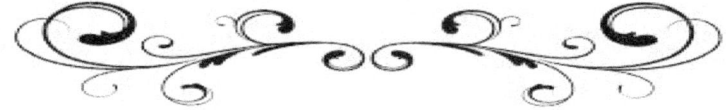

ha despertado en ella el talento de la poesía. La misma refleja y expresa una explosión de diferentes sentimientos, entre ellos: lucha, amor, rebeldía, pasión, impotencia e ilusión entre otros. Es así que María del Socorro Amaro Cruz (Marieletor) contagiada con la libertad de la mariposa, la inteligencia de un elefante y la calidez de una tortuga, es una poeta de esta era que inspira sus pensamientos y utiliza el talento de la poesía, para expresar y compartir su mensaje al mundo y espacio existencial que la rodea.

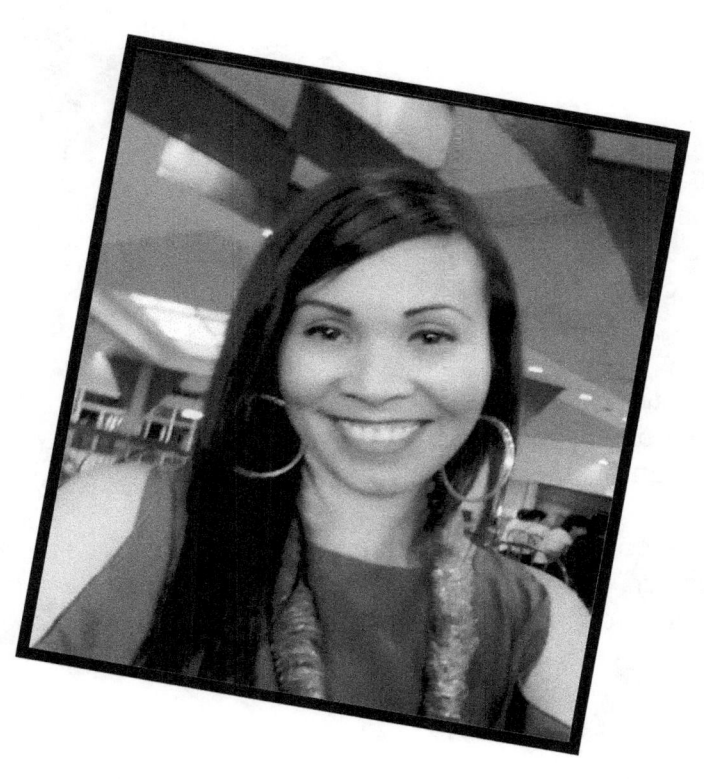

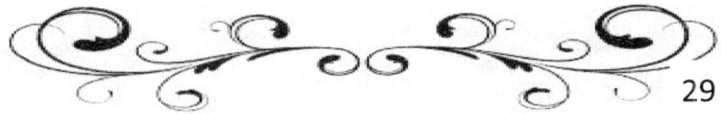

Marieletor

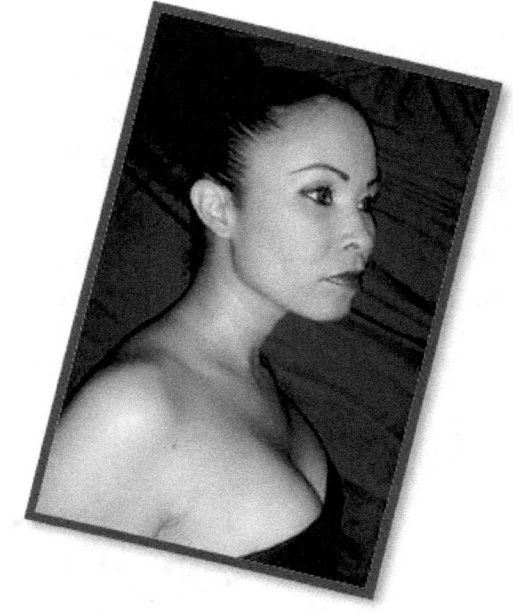

Mariposa que vuela
y extiende sus alas al cielo
así me siento cuando dentro de mí se cuela
el deseo incalculable del alzar el vuelo.

Elefante, ser sagrado poderoso e inteligente,
su fuerza me transmite apoyo y seguridad.
Así me considero cuando dejo volar mi mente
pues la unión entre ambos es una de igualdad.

Tortuga, conexión de espiritualidad
nobleza en su mirada, caparazón de protección
yo protejo los míos y reflejo tranquilidad
mas si con ellos se meten los defiendo con tesón.

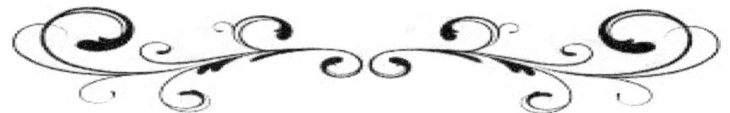

Ilusión Amor

Despliegue de emoción recorre mi corazón
por tan hermoso recuerdo que me llena de emoción
son tus caricias tierna sonrisa en mi rostro
cual si estuviera viviendo tal momento en gozo.

Suspiro de amor nuevamente
al recordarte y no tenerte.
Pero de amor y alegría se llena mi mente
pues siempre he sabido
guardarte cariñosamente.
Mas sigo viviendo ardientemente
para que algún día Dios me recompense.

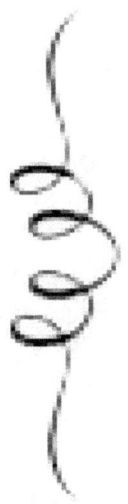

En mis pupilas aún se refleja tal brillo cuando
te pienso, suspiro, anhelo y sueño.
Más se me va el aire se me va el aliento,
al saber que ya no estás
pero que recorres mi mente.
Analizo, medito y vuelvo a suspirar
que mi Ilusión Amor no tiene que terminar.

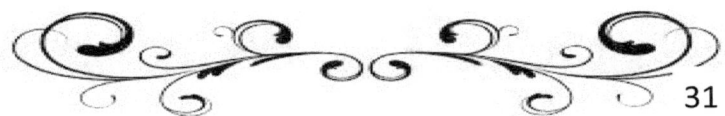

Pensándote

Sonrío, me llena de emoción
Feliz me siento estás en mi corazón
Mi mente se ilumina pero se desvela
Mi alma se llena y vuela

Soy feliz sólo te pienso
No me conformo, pues aún no te tengo
Te veo en el mar, te veo en la luna
Aunque en momentos me llega la duda

¿Me piensas? Eso espero
La brisa me calma, trae anhelo
Vuelo, soy libre en tus brazos
Imagino y siento nuestro lazo

Consuelo mi ser pensándote
Lleno mi alma imaginándote
Caricias locas siento de tí
Deseos incalculables vienen
por tí

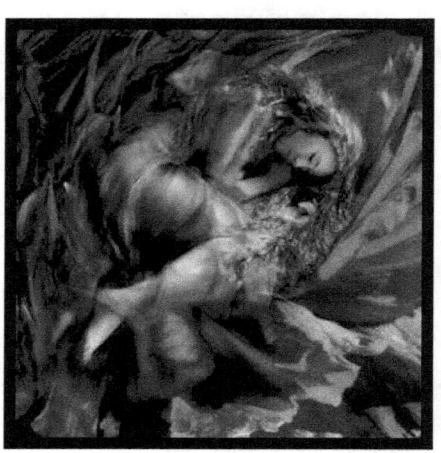

Nuestro destino tal vez sea
incierto
Pero algo intenso si es muy
cierto
El sentimiento es incalculable
y real
No es juego ni menos mental.

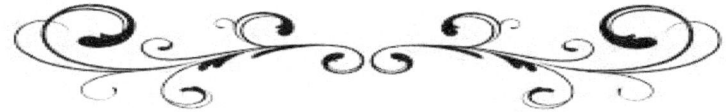

La vida como una película

Si hoy me siento triste
Y no me importa lo que existe
Es como que la vida reclama
Es como un ahogo, un DRAMA

Si hoy estoy asustada
Estoy presa, tal vez sentada
Es como que enloquezco, pero pienso
¡Ay virgen! ¿Será SUSPENSO?

Si hoy estoy enojada
Y me siento impotente, hastiada?
Hay que tener cuidado, hay tensión
¡Ah! ya sé que hoy es de ACCIÓN.

Si hoy miro al espejo
Me veo mal y así me dejo
Que mal me va, que horror
Definitivamente categoría... TERROR

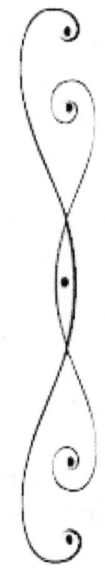

¡Ah! pero ahora que me sonrío
Veo la vida totalmente en positivo
Sigo adelante y no a medias
Estoy tranquila, es mejor, ya sé, es COMEDIA

Lo mejor de todo, pasa cuando estoy feliz
Pajaritos preñaos, en las nubes y hasta en París
Es como muchas emociones, tú sabes, un enlace
¡Qué riiiico me encanta! ¡Ahhh! es de ROMANCE.

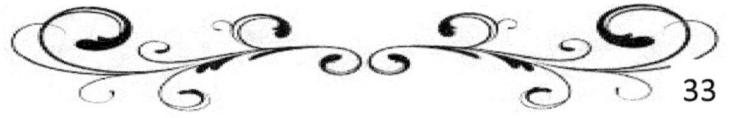

Imaginación Ilusión

Como imaginar que algo así me pasaría
Noches tras noches días tras días
Es como ilusión que contamina
Es sentimiento que me cautiva.

Es simple y sencillo así siempre digo
Dejarse llevar hasta el desafío
A pesar de los pesares que causan lío
Yo estoy dispuesta, si por tí brillo.

Brillo hermoso me causa tu presencia
Siempre se me nota en toda mi esencia
Es como magia blanca que me envuelve
Es porque felicidad a mi alma tú devuelves.

Indiscutiblemente seas real o imaginario
Me consuela saber que eres mi diario
Porque contigo puedo contar y desahogarme
También amar hasta saciarme.

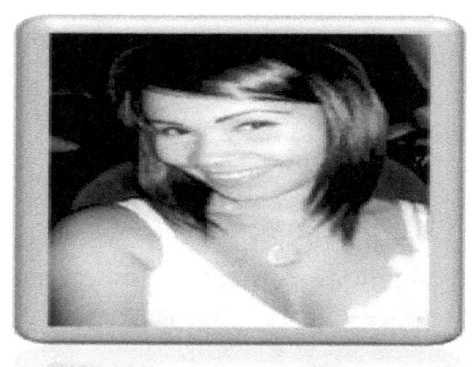

Soy y no soy

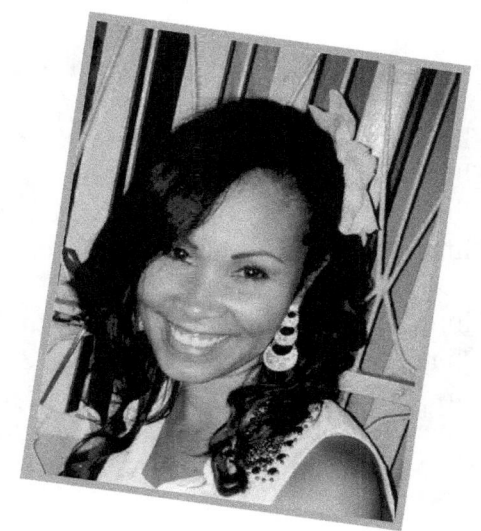

Soy alegre, simpaticona
No soy terca ni buscona
Soy humilde y
humanitaria
No soy egoísta y mucho menos tacaña
Soy jovial también carismática
No soy antisocial ni enigmática
Soy real y transparente
No soy hipócrita ni prepotente
Soy amorosa también exigente
Profesional ante todo y también consc.ente
Soy protectora y creo que de más
No soy acaparadora y dejo espacio pera amar.
Soy humana, de sangre caliente
Puedo ser fría, pero siempre latente
Más si de mí algo más quieres saber
Soy y no soy; simplemente soy lo que puedo ser.

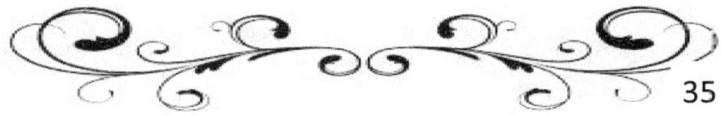

Alma Danzante

Alma que vaga sin rumbo, sin deseo de vivir
Alma que es impulsada por el mundo a un deseo de morir
Alma que se reincorpora por su anhelo de ser sutil
Alma que lleva al diablo por pecar y por sufrir

Alma danzante que constantemente lucha por ser feliz
Alma danzante que ama a todos aunque a ella no la quieran así
Alma viajera somos, cayendo y levantando como el moriviví
Almas danzantes seremos juntas todas hasta el fin.

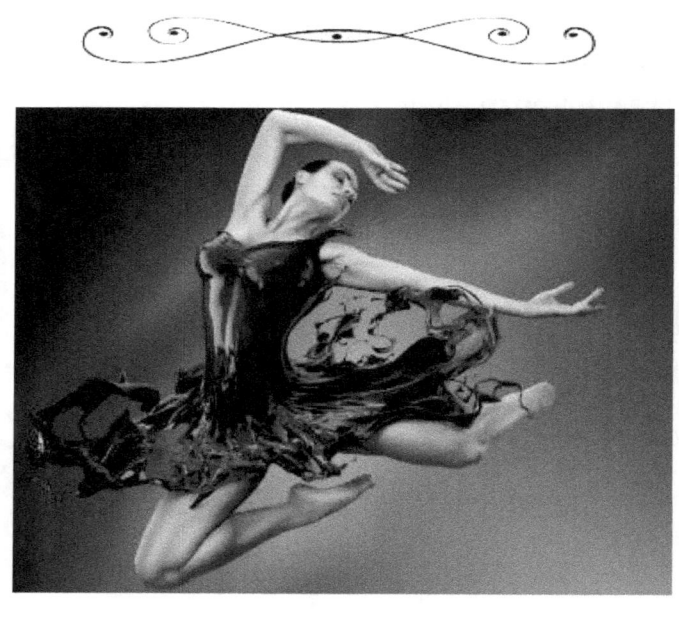

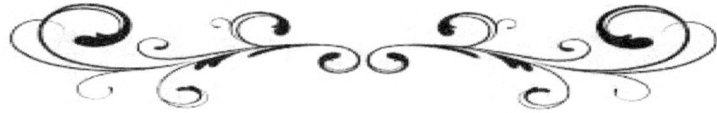

A mi girasol poeta

Flor que siempre busca el sol
Llena de alegría y resplandor
Así eres, tú mi amor
Mi vida mi adoración.

Me has dado vida, me has dado amor
Por eso te amo con tanto tesón
No dejes nunca de buscar el sol
Para que así siempre sonriamos juntas tú y yo.

Tu luz y enseñanzas
Me han encaminado
A luchar sin cesar y nunca dar por terminado
Mi logro de siempre, hacerte feliz
Y así ser tu hija fiel, hasta que llegue el fin.

Siempre estas y estarás en mí
Porque mejor madre que tú, nunca pedí
Hasta lo de poeta de tí adquirí
Porque eres mi girasol poeta,
mi madre mi amiga
Y mi morivoví.

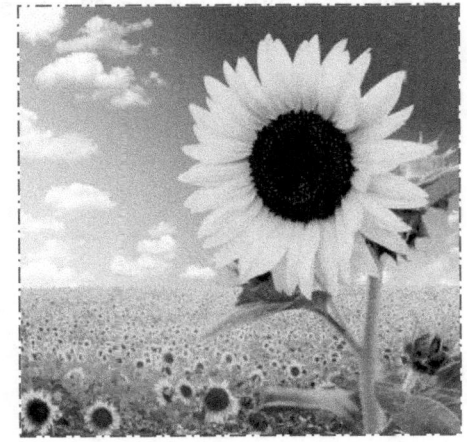

Te Amo Mami!

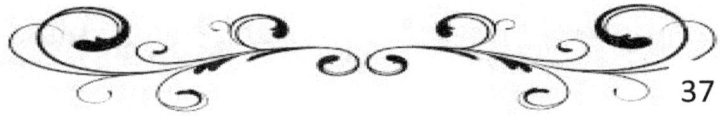

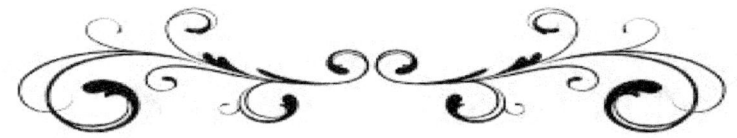

Amor mío

Amor que a mí llegaste sin yo tu amor merecer
Amor que me regalaste desde el principio sin saber
Saber que te querría con mi alma y con mi ser
Amor que para siempre quiero retener.

Sentí que te perdía y en esa ocasión me enojé
Saqué mis garras frías hasta intimidarte sin querer
Es por que sentí impotencia ante la situación saber
De que pudiera tal vez perderte y mi corazón romper.

No le permito a nadie que se trate de meter
En nuestro amor y relación por eso lo defenderé
Fue un susto gigantesco, créeme ya lo capté
Te lo juro por mi vida que te amaré y respetaré.

No tan solo ahora sino siempre lo haré
Porque la vida y la experiencia me marcaron para bien
Te Amaré ahora y siempre pues te valoraré
Para que veas Amor Mío que contigo quiero permanecer.

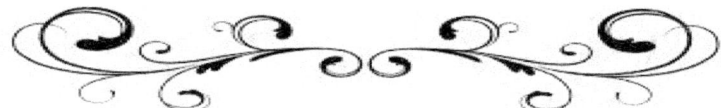

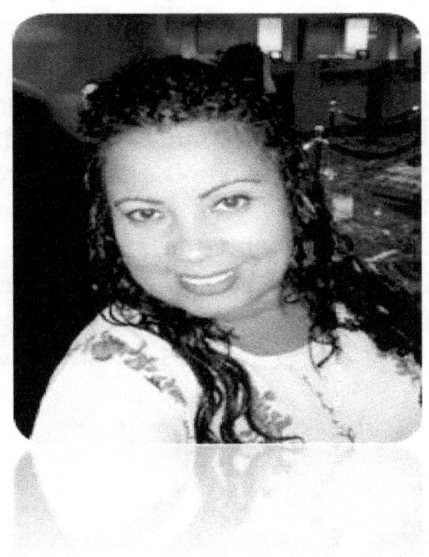

Elimagdy Eunice Amaro Cruz
(Kattunice)

Nace en Arroyo un 3 de julio de 1972. Desde siempre ha sido talentosa en la música, el baile y la escritura. Posee un bachillerato en Educación Elemental de la Universidad Interamericana, un segundo bachillerato en Administración de Empresas y Recursos Humanos, además de una maestría en *Global Management* de la Universidad de Phoenix. En su adolescencia formó parte del Ministerio de Música Hosanna de la Iglesia Católica y del Coro Guayama. Cursando sus años de escuela superior perteneció a diferentes entidades en el que desarrolló y demostró su talento en el baile como parte del grupo de Bailes Folklóricos Escolar, respaldado por el Departamento de Educación y el Sr. Tony D'Astro,

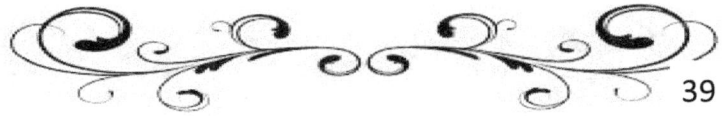

además de como bailarina y coreógrafa del Ballet Folklórico y Teatral Guayama. También formó parte del grupo de danza moderna *Dance Souls,* colaboró a su vez en la formación y administración de la academia de baile *Le'Danza Studios* en Guayama. En el aspecto comunitario y profesional ha ofrecido sus servicios en diferentes escuelas del Distrito de Guayama, San Juan y Carolina donde ha demostrado su amor al arte, al baile, la música y la cultura.

Una mujer luchadora que desde muy joven fue madre y que contra viento y marea se mantiene en pie y por sus dos hijos Héctor X. De Jesús Amaro y Luis E. De Jesús Amaro que son su fortaleza.

Es desde esta etapa de su vida que despierta en ella sus otros talentos. Además del baile y la cultura, en sus venas lleva sangre de poeta (que lleva de herencia) y su poesía es una cargada de lucha interior, de expectativa e incertidumbre ante el amor, de interrogantes hacia la vida y de esperanza en el futuro. Es Elimagdy Eunice Amaro Cruz (Kattunice) una poeta de esta era que utiliza la poesía como su idioma interior, su mensaje a la humanidad y espacio al análisis existencial.

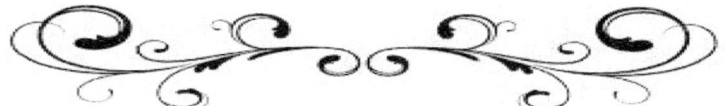

Kattunice

Katta... significa gato en griego y en sus cualidades me reflejo

Audaz, libre, misterioso, seductor... sensible cuando quiere serlo...

Te relacionan con la luna y ésta a mí me embruja

Te miro, te seduzco, te atraigo hacia mí

¡Únicos, él y yo!...con andar calmado, ondulante y un tanto erótico

No trates de controlarme, más bien intenta amarme

Indomable fiera que a simple vista parece indefensa

Confiada y decidida buscando siempre como llegar a su meta

Eunice... mi segundo nombre, que significa VICTORIA, que uno con Katta, para sentirme completa.

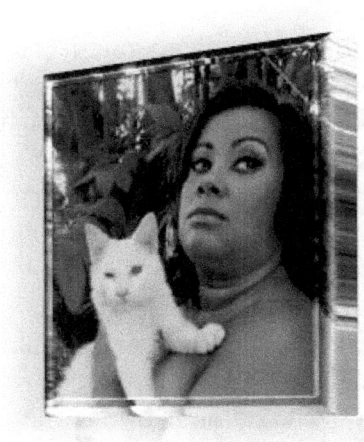

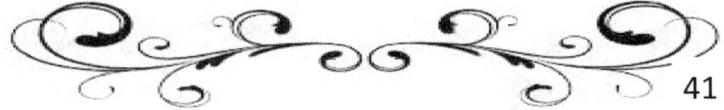

A veces quisiera rendirme

A veces quisiera rendirme...
me desespero en el camino
¿Por qué es tan difícil decidir,
Si es que quieres estar conmigo?

Cuando llega el día soñado, elegido
olvido lo que pido, lo que exijo
Pues mi amor es uno sin desenfreno
Quiero tenerte... más el tiempo es mi enemigo

A veces me pregunto si será bueno
enfermizo, costumbre o verdadero
¿Debemos luchar más,
por este amor que nos tenemos?

A veces... no lo creo...
¿Será que no quieres nada serio?
Entonces dímelo amor mío,
para no vivir en este infierno.

Si tengo que esperar por tí
No me molesta, estoy de acuerdo
Pero sé sincero contigo mismo
y decide, ¿es acaso esto lo que quiero?

Si entendieras que por tí
mi amor es inmenso... es bien fuerte
permite que te mime y te valore
¡quiero amarte, no me alejes!

Siento que a veces no soy importante
No entiendo el por qué
Si todo lo que quiero es amarte

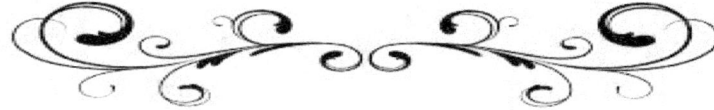

que seamos felices por primera vez.

Eres mío enteramente
Pero sólo cuando estamos juntos
Cuando te veo ir viene a mi mente
Ya lo perdí de nuevo, ¿Será esto justo?

Me hago siempre esa pregunta
no sé qué pasa por tu mente
quisiera que también desearas
que estemos juntos por siempre.

¿Será posible esto que anhelo?
o nuevamente acabará
no permitamos que este amor se pierda
y luchemos cada vez más.

Entiende que te amo
quiero compartir mi vida contigo
no me alejes de la tuya,
que seamos felices, es lo
que ansío.

Los dos hemos sufrido
otros nos han desvalorado
démonos esta
oportunidad, mi amado
ya venzamos el pasado.

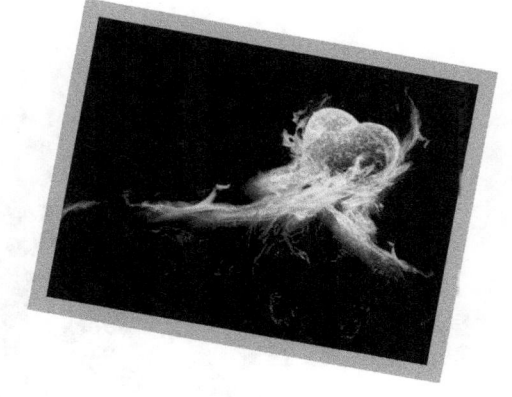

Este es nuestro momento
de por fin ser felices
entreguémonos amor mío
y sanemos cicatrices.

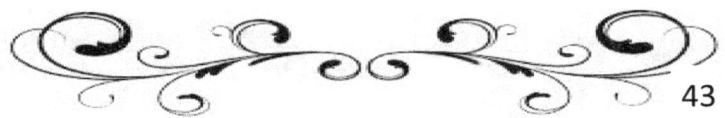

Despertar

Buscaba la respuesta
y que rápido llegó
es que nunca me desamparas
¡Que perfecto es el amor de Dios!

Hablando con mi otra parte
logré escuchar mi voz
hay que salir de este marasmo
¡Coño despierta, la voz Gritó!

Por algo simple empezaremos
organizando nuestro rumbo
Poco a poco lograremos
Estar bien, todos juntos

Mucho de mi parte tengo que dar
pues hay otros que cuentan conmigo
¡Muchas fuerzas pido a Dios !
¡No me desampares, sólo te pido!

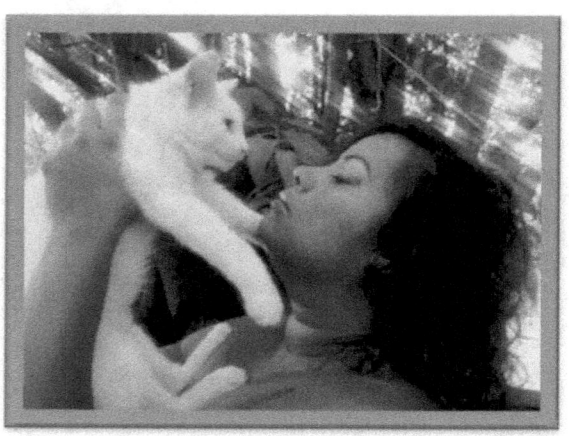

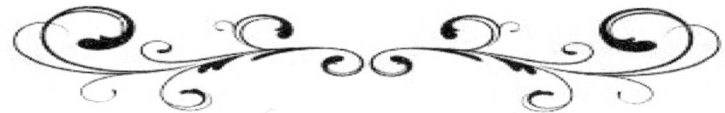

El amor y Yo

Por qué se sufre tanto cuando se ama
Aún no encuentro la respuesta
Brindas tu amor a alguien
Más no recibes lo mismo, que tristeza

Si te entregué lo que tenía
sabías como era y lo que quería
más no entendiste en tanto tiempo
como era, que sentía

Después de mucho salí huyendo
y me dijiste que por culpa mía
no fuiste feliz...fue tu respuesta
pero no te importó si yo sufría

Siempre quise amarte sin problemas
pero no entendiste nunca lo que hacía
preferiste echar culpas por tus quejas
y no hiciste nada por resolverlas

Ahora cada cual en su camino
pude entender que no fui mala
solo quise ser yo misma
y que aunque fuera un poco valorada

Ya eso no es posible
y estamos muy distanciados
espero que todo te vaya bien amedo mío
estarás en mi corazón siempre guardado.

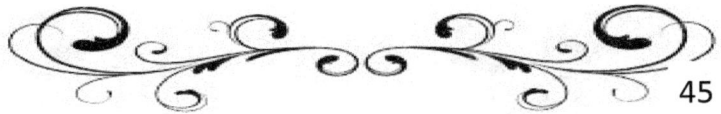

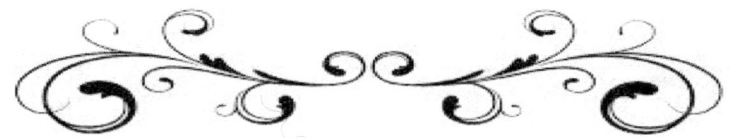

El Buen Amor

Aunque otras ideas tenía
esta noche fue diferente
me dedicaste todo tu tiempo
y cambió todo de repente

Te conté como me sentía
escuchaste todo mi sentir
sin decir nada escuchabas
lo que tenía que decir

Palabras sabias dijiste
mucho apoyo me diste también
¡Qué mucho lo necesitaba!
Sentí que todo estaría bien

Sólo Gracias te pude decir
pues no soy muy expresiva
cuando se trata de sentimientos
se epodera de mí la cobardía

Muchas cosas quiero decirte
todas las veces que te veo
pero no sé si es el momento
vuelvo a quedar en el silencio

Quisiera saber que pasará
entre nosotros en el futuro
quisiera que estemos juntos
sería feliz, eso es seguro

Tal vez eso es lo que me asusta
que no te corresponda bien

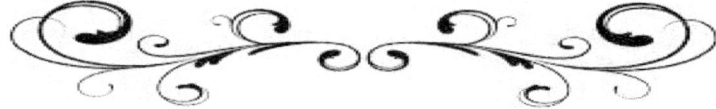

que falle en algún momento
y te pierda a tí también

Quiero amarte con el alma
es más creo que está pasando
quiero ser toda tuya
y olvidarme del pasado

¿Y si no soy quien tú mereces,
y maltrato todo esto?
¿Podrás ayudarme amor mío,
a entregarme por completo?

Aún cuando te ibas
me seguías ayudando
me dijiste que valía mucho
y hasta terminé llorando

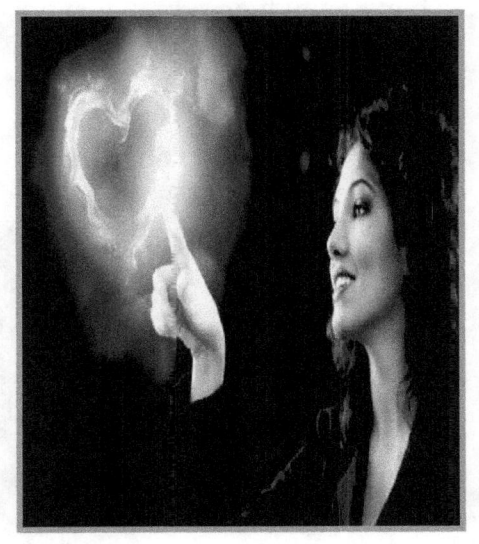

No me quiero preocupar
por lo que luego pueda
pasar
quiero estar contigo
en todo momento y todo
lugar

Dejaré que todo pase
como tenga que pasar
siento que te amo,
que me he vuelto a
enamorar

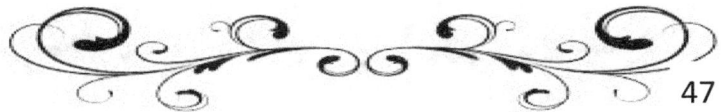

Introspección

Como puede ser posible
que con tanta inteligencia
no encontrases lo que buscas
aún con miles peripecias.

¿Es que no te esfuerzas mucho?
¿O es que no sabes a dónde vas?
¿Es que no ha llegado tu momento?
¿O es que ya no buscas más?

Frustraciones y tristezas
se han acumulado con el tiempo
¡Levántate, Lucha, Grita!
¡No te sumerjas en el tedio!

Hoy recapacitas y te das cuenta
no has hecho mucho
con tu vida
¿Qué te pasa linda
niña?
¡Despierta! ¿No ves
que aún respiras?

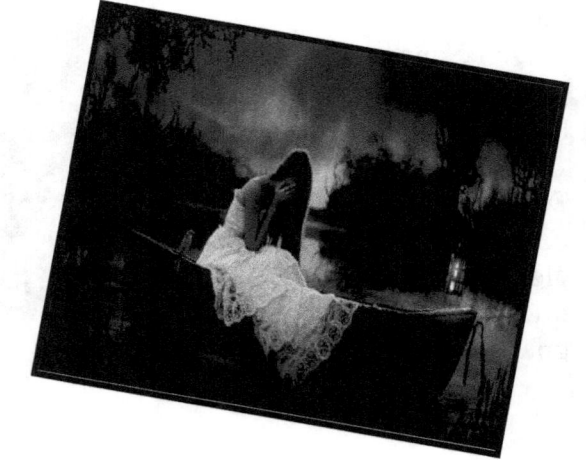

Necesitas muchas
fuerzas...
sé que las tendrás
siempre lo has
logrado
y lo harás una vez
más.

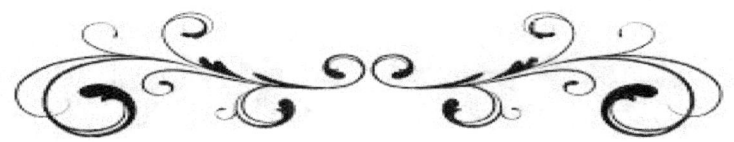

Incertidumbre ante el amor

Quieres ser parte de mi vida
más no lo quiero yo
es que me estás matando
poco a poco de dolor.

Difícil es cuando desconoces
lo que pasará en el futuro
y más difícil aún cuando
hay sentimientos, de seguro.

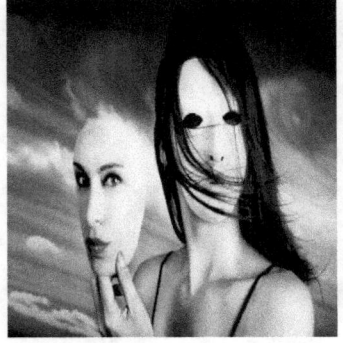

Lo amo con el alma
creo que él a mí también,
pero hay obstáculos absurdos
lo que se entristece mi ser.

Sentí por fin que hoy
mi búsqueda había terminado
sentí una alegría inmensa
había encontrado a mi amado.

Más vuelves tú incertidumbre
a dañar una vez más mi interior
sólo me resta esperar ahora
que se tome una decisión.

Pasamos tiempo juntos
y ya no importa nada más.
soy feliz en sus brazos
ya no me quiero alejar.

Cuando llegue ese momento
dolorosa y esperada decisión
desearía que no fuera ella
¡La que se gane su amor!

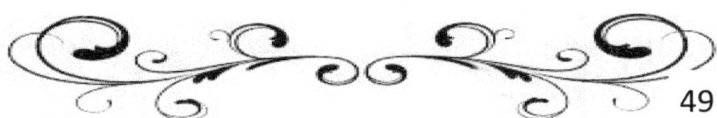

Levántate, Luchadora

Cuando analizo mi vida,
busco bien adentro
no sé qué pasa conmigo
si tengo tanto talento.

¿Acaso debo buscar más,
o rendirme en ese aspecto?
porque cada vez que busco
muero un poco más por dentro.

En el amor...jah! que difícil
en los trabajos, ni les cuento
¿Dónde fue a parar esa joven,
que reía ante los retos?

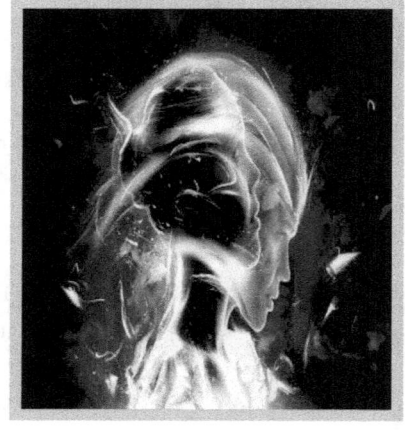

¿Es que debo pausar de
analizar tanto
y vivir cada momento?
Como si éste si fuera el último
pero, ¡Si ese es mi tormento!.
No dejo de pensar
en lo que será mi futuro.
quiero seguir adelante
¡Pero es duro, se los juro!!!.

Cuando más energías tengo
pasa algo y me apaga.
Vuelvo a analizar todo
y pierdo la fuerza y las ganas.

¡Basta ya debo decir!
¡No soy así, soy luchadora!!
Aunque caiga mil veces
¡Me levantaré, es lo que importa!

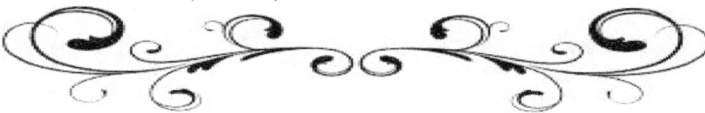

Tú

De casualidad te vi allí
y me pareció un poco curioso
me pareció que estabas muy serio
es más, parecías un tanto furioso

Nunca te sonreías en tus fotos
¡Pero que desperdicio, señores!
Tiene la sonrisa más linda
que he visto por los alrededores

Le tomé mucho cariño
por lo tierno que es
se preocupa por mí como nadie
más luego le empecé a querer

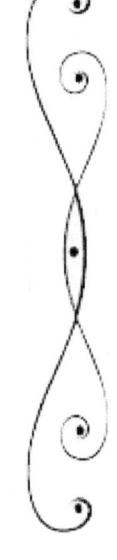

La conexión es inexplicable
todo el tiempo, nunca falla
Es que lo quiero siempre conmigo
y que nunca se me valla.

Hablamos de muchos temas
no importa, risas o penas
me ofrece sus consejos
más aún, siempre me alienta

Ha pasado ya el tiempo
lo nuestro sigue creciendo
ilusionada de saber, lo veré mañana
qué bueno ya está amaneciendo

Ahora ya no es sólo querer
se ha convertido en algo más
mi Muñeca Amada me dice
y me derrito sin más ni más.

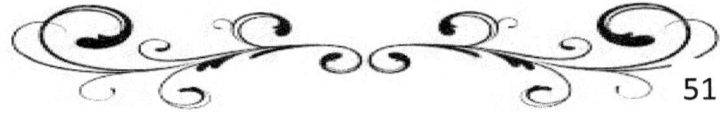

Nora Ileana Amaro Cruz
(SiraFénix)

Nora Ileana Amaro Cruz nace en Guayama un 20 de noviembre dei968. Desde temprana edad demostró seriedad, pasión y mucho respeto por las artes. Siempre ha sido talentosa en la música, el baile y la escritura. Posee un bachillerato en Educación con concentración en Música y en Dirección Coral de la Universidad de Puerto Rico, Recinto de Río Piedras y una maestría en Administración de Empresas con concentración en Gerencia Global de la Universidad de Phoenix, Recinto de Guaynabo, PR, ambas con altos honores. Perteneció al Coro de la Universidad de PR como también al Coro de Gira de la Universidad de Puerto Rico participando y compitiendo en países como Venezuela, República Dominicana y Cuba. También fue integrante de la Coral Filarmónica de San Juan todos bajo la dirección de la muy afamada Carmen Acevedo Lucio. También fue integrante de Camerata Coral, dirigida por Amarilis Pagán. Fue fundadora y directora del Coro de la Universidad Interamericana, Recinto de Guayama, PR creado para la ceremonia de graduación del recinto para el año 1995. Fundadora y directora del Coro Guayama que por muchos años deleitó no sólo a Guayama sino a pueblos limítrofes contando con voces desde los trece hasta los setenta y ocho años de edad. Sirvió de maestra por diez años para el Departamento de Educación de PR en los cuales con mucha iniciativa y entusiasmo integró las disciplinas de la música y el baile para ayudar a desertores escolares a permanecer en la escuela y también a mejorar académicamente. Fundó y dirigió el grupo de danza moderna *Dance Souls, Inc.* con el que viajó a la Florida a presentarse en escenarios de *World Disney*. También se presentó en escenarios de la República Dominicana y en los cuales impartió talleres de baile y

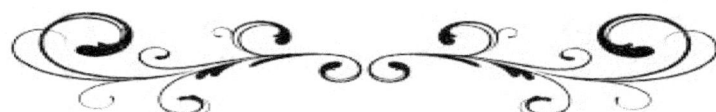

autoestima. A través de dicha compañía, preparó bailarines de gran calidad que han sido principales en orquestas de merengue del país como En Blanco y Negro y Karis entre otras. A nivel privado trabajó el concepto de la academia de bailes modernos y géneros latinos *Le Danza Studios Inc.* con la misión de proveer a todos no sólo diversión y ejercicio sino también la oportunidad de mejorar su autoestima, aprender un arte, y desarrollar su talento con la filosofía de que todos podemos aprender. En el aspecto comunitario ha servido como *Americorps Vista** ofreciendo sus servicios profesionales al movimiento de Prensa Comunitaria, Inc. en el que tuvo la experiencia de trabajar con el concepto de cine y foro comunitario. También trabajó en pro de las comunidades de bajo ingreso proveyendo la oportunidad de creación de micro-empresas para su empoderamiento y auto sustentación. Actualmente reside en Chicago donde se propone abrir espacios culturales entre los latinos fomentando los bailes folklóricos de Puerto Rico.

Una mujer luchadora que contra viento y marea se mantiene en pie. Sus dos niñas Marla Marie y Lyann Sophia son su fortaleza y su norte. En esta etapa de su vida es que despiertan en ella otros talentos. Su poesía es una cargada de lucha, de preguntas y de aspiraciones ante la vida y de esperanza en el futuro con su mirada puesta bien a lo alto. Es Nora Ileana Amaro Cruz (Sira Fénix), una poeta de esta era que utiliza la poesía como su idioma interior. Su mensaje a la humanidad y espacio al análisis existencial lo comparte con el lector no solo para su deleite sino también para su introspección y esperanza de una vida futura mejor.

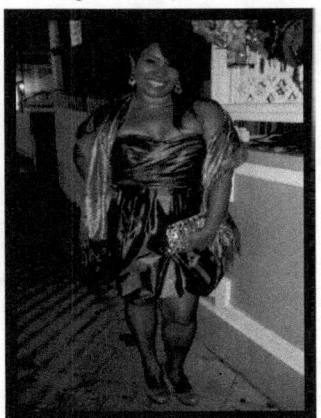

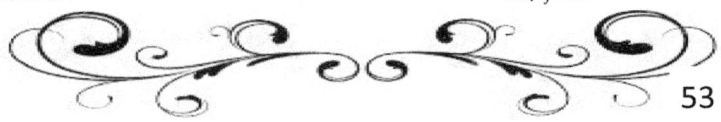

Sira Fénix

Sí....palabra que representa que puedo,
nombre que me hace quien soy.
Aspirando muy a lo alto
me exijo perfección.

Pero quién en esta vida,
si no tú Sira Fénix...
tiene en sus adentros
sólo descontrol en frenesí.

Mas la aspiración ya mencionada
es mi guía, es mi norte.
Volando muy a lo alto
despojándome de esta capa
de escoria y mal vivir
pasando por un cedazo
de purificación y
sacrificio
muy a lo alto me verán
resurgir.

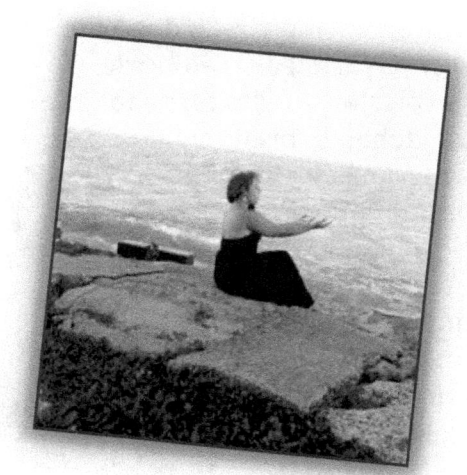

Por eso la palabra sí
es la que inicia mi
nombre.
Así como el ave fénix...
me verás ser feliz.

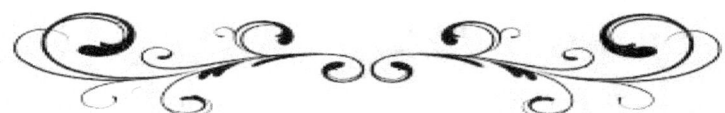

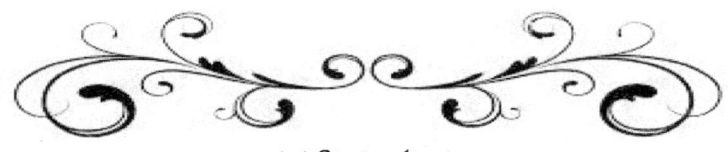

1+1 Sean dos

¿Por qué? La ciencia se pregunta.
¿Por qué? Me pregunto yo.
Lo que un día comenzó
en comenzar terminó.

La física, la química de las suyas han de hacer,
Más esta vida que no es vida
no permite algún querer.
Un querer que yo le quiera,
un querer que me quiera a mí.

Más hay muchos resultados, de dos en dos,
que al final en vez de ser sumados,
consumados, terminan en negativo - 2.
Con la música y el pasado algún elemento se enlazó,
pero aún me deja cuestionando
como puede ser posible que si la matemática es perfecta
1+1 no sean dos.

Cuando en contra de la corriente
y con la fuerza de la física,
La musa, la química,
la matemática con sonido autodidacta
de la historia atravesada
me ha dejado el alma quebrantada
porque en contra de la electricidad y el magnetismo,
la óptica y el sonido,
lo único que he querido y que sin derecho pido,
es que al final de la suma y con resultado a mi favor
1+1 sean dos.

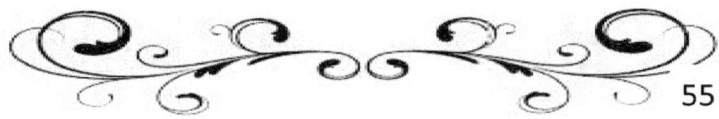

Antítesis de mí

Siento que me ahogo, siento que no respiro...
¿Quién te priva del aire niña?
¿Qué te asfixia? ¿Qué te desequilibra?
Una crueldad proyectada
Como una vida sin sentido
Me desenmascara ante tí...
Me lanza al vacío y luego
Vuelo.... Y tú...
ríes mientras me ves flotar.
Te gozas, pero luego lloras....
me abrazas, reniegas.
y se inflama mi egoísmo
y quiere actuar por mí
Y sufro...

Sufro por tu fuerza encarnada.
aquella misma que un día admire más en tí.
aquella que tz abandonó,
pero que hoy te busca
y te alcanza con facilidad.
y que hoy me recuerda que....
Me hundo...
Resurjo...
y tras esta máscara
que casi queda al descubierto

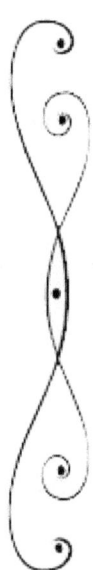

Estoy yo, pero estas tú.
Fuerte, inválida.
Vacía...
Llena...
¿A quién engañas ser humano?
¿A tí? ¿Al otro?

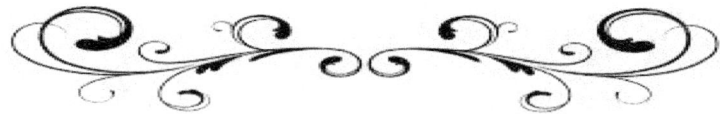

¿Al cielo que te mira desde lejos,
o la tierra que hoy caminas?
Tristemente me encuentro conmigo,
Contigo...
Realizo...
que lo que hoy me causa esta locura...
Soy yo misma.

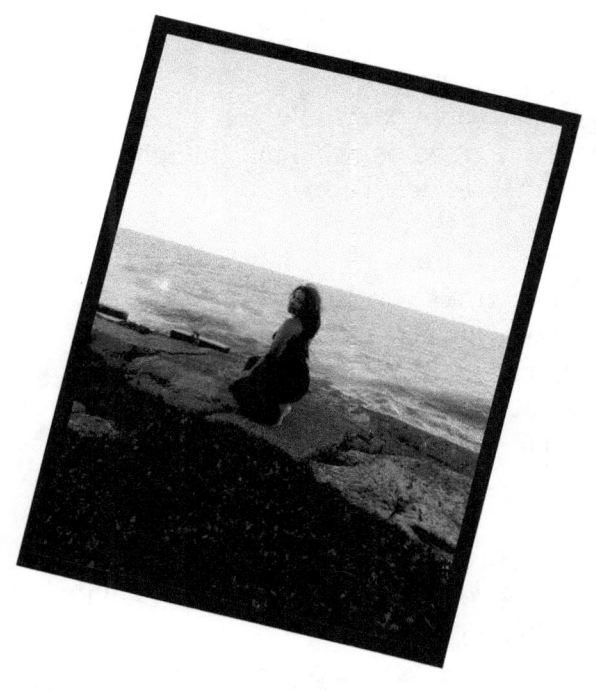

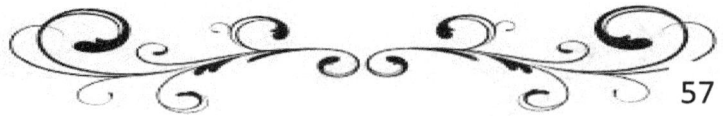

Creciendo

Un corazón anhelante.
Un corazón rebelde.
Busco en lo más oscuro de mi alma
y lo que quiero es resurgir, volver a ser.
esto que ves aquí,
no es más que un absurdo...

Y sufro y río con la esperanza como amiga,
más la tristeza de hermana.
Espero y espero....
Más cuando a mi puerta llegas
te ignoro y luego la rabia me envuelve
cual celofán al decorado.

Y te rompo, te abro
más las fuerzas me abandonan.
¡Digo basta ya, no puedo!
Sólo la negrura me envuelve
sin que yo la pueda superar...
llega a mí,
Vida...

Envuélme tú y permíteme nacer.
Déjame crecer, para que un día cual gaviota volando,
Yo pueda latir otra vez...

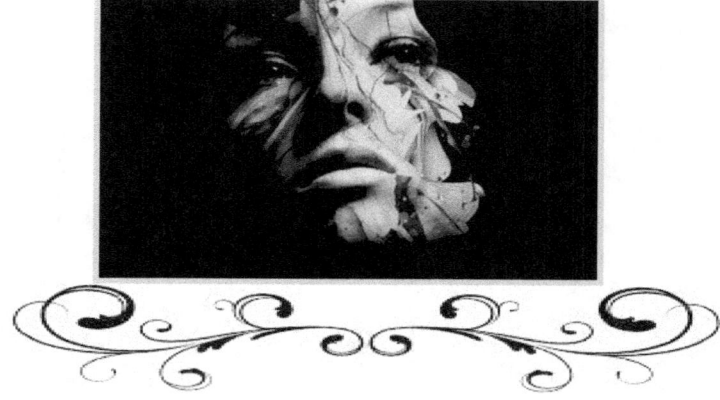

Cuando la vida comienza, cuando el tiempo termina

Érase una vez que una historia comenzaba,
como aquellos cuentos de hadas que sin saberse son
historia.
Aquella niña que pensaba que su vida sería felíz
más tarde que temprano ese sueño vió llegar a su fín.
¡Ah! Más que tristeza la mía cuando de su historia me hizo
parte
porque ahora no sólo ella sufre,
inevitablemente mi alma ya no sigue adelante
hacia aquel lugar que no conocemos,
del cual no podemos volver
porque hace mucho olvidamos
el sendero, ...el camino, ... el renacer...
Un regreso al país de la felicidad.
con la que un día soñamos,
con la que dejamos escapar.
¿Dejamos escapar? ¿O nos quitaron el dejar?
Más sólo de habladurías está llena mi mente,
cosas para nada concretas,
cosas que parecen no servir.
Todo lo que un día creímos
Que era real,
que era cierto,
que era hermoso
hoy nos revela frialdad.

¡Ay! niña por eso es que yo por tí sufro,
encuentra la dicha,
para que las dos seamos triunfo.
Un triunfo para la vida,
para Dios o para el que sé yo...
Pero que al final del cuento nos reunamos las dos....

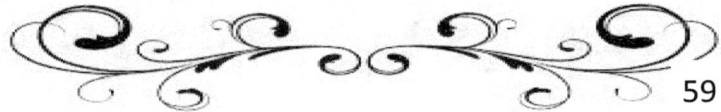

Lo que viene y no se vá

Como las olas del mar,
Vienen y van...
los miedos, los sufrires,
las angustias, los sentires.
Sublimes pensamientos que te llevan
y te dejan esperar.
Vienen y van...
los deseos de conjugar el verbo
con una realidad limpia y pura
que con sólo desear y más aún pensar
te revelan que en todo momento en tu alma
sólo puede haber felicidad.
Más como por derecho divino
lo más preciado del universo...
Viene....
no se vá... no se le puede dejar...
pienso, siento, acepto y recibo...
porque ya la batalla está librada...
Ahora todo viene, nada se vá...
porque por obra y gracia está decidido
que todo viene y nada se vá...
todo viene y nada se vá...

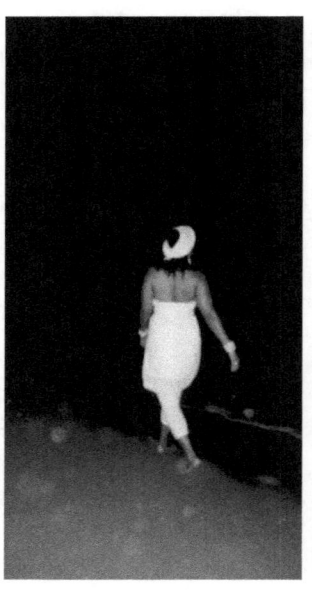

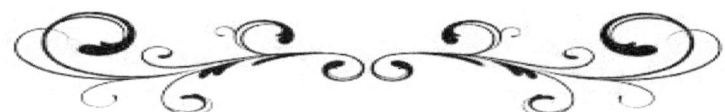

Llegaste tú

En mi vientre fueron concebidas
No sólo la vida, el miedo y dos creaturas
Más en ellas se ha recreado
La maravilla que vino de las alturas.

Un regalo, una bendición
Una vida que multiplicada por dos
Han llegado para hacer de la mía
Mucho más que una ilusión.

Me brindan paz, también alegría
Me sanan y me fortalecen
Como si para esto mi vida
Fue creada y con creces.

Es más que un misterio
Para el cual no tengo explicación
Mi corazón casi estalla
De tanta belleza en acción.

Son mis dos niñas,
Las niñas de mis ojos
Por quienes vivo,
Por quienes oro.

Para que yo siempre pueda
Ser su ejemplo y su guía
Para que un día aún lejano
Ellas también sientan esta alegría

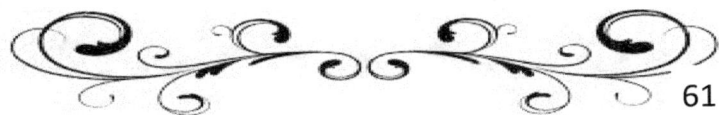

Que me trajo el nacimiento
De ellas cual virtud
Y que más agradezco
A Dios por mi vida en plenitud.

Ellas ni siquiera saben
La increíble dicha que me brindan
Al haberme hecho madre
Y no dejar que yo me rinda.

Porque son mi bendición,
Y por ellas mi gratitud
A ese Dios del cielo
doy
Porque llegaste tú.

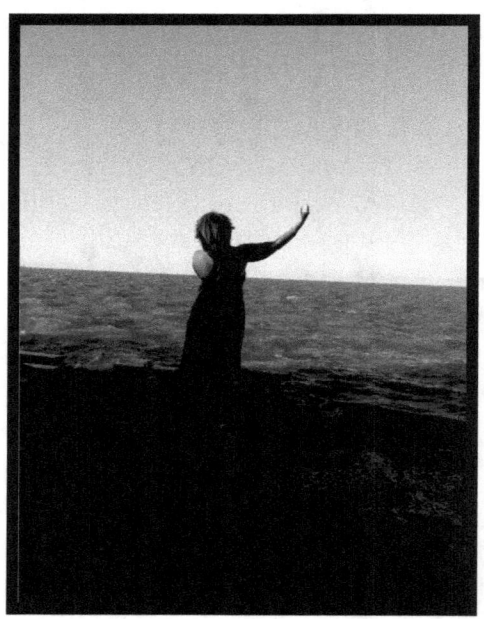

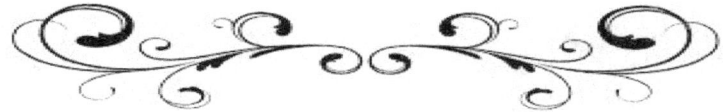

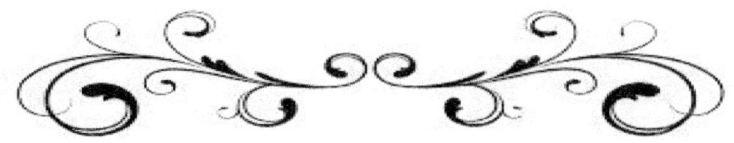

No strings attached

¿Por qué la vía fácil?
¿Por qué sin compromiso?
si lo que tu alma anhela
es un respiro, un amor, un delirio.
Me miras, te miro.
Me besas, suspiro.
Entre la oscuridad que nos rodea
ahí estás tú, ahí estoy yo.
pero no estamos ninguno de los dos.
Nuestras almas se necesitan,
Se repudian, se olvidan.
Te lloro, te busco.
Me odias, me admiras.
Ahí estás, estoy aquí.
Te quiero y no.
Más tú a mí...
Me adoras, me olvidas
Y sufro y no...
¿Para qué te quiero?
¿Por qué me amas?
¿Qué hago con esto que siento,
que no me llena,
que no me salva?
Lo que quiero es tenerte y no...
Amarte y dejarte ir...

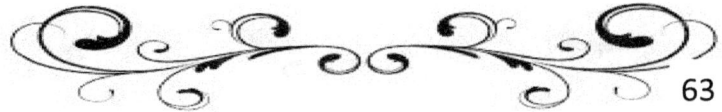

Pamplinas

Estado mental o verdades de esta vida.
¡Pamplinas!
Mentira o realidad.
¡Pamplinas!
Absurdos de una locura leve
o llanto del alma que no sabe a dónde vá.
¡Pamplinas!
Ridiculez de niña tonta
o cosas de una madurez envestida de pamplinas.
Comodidad humana, repudio de la verdad.
¡Pamplinas!
Olvido, dureza, miedo, vanidad.
¡Pamplinas!
Frágil estancia, notoriedad.
Envidia y vulgaridad,
Pecado, permiso, insomnio y soledad.
¡Pamplinas!
Odio gran odio...
amor y qué más da!
Reflejo doloroso de mi humanidad.
¡Pamplinas!
Poca cosa, estupidez de una vida sin sentido.
Arena movediza del más allá.
Dudosa reputación, cosa sin utilidad.
Niñez bendecida más mutilada en realidad.

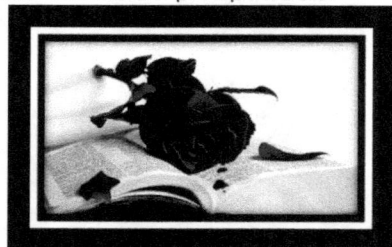

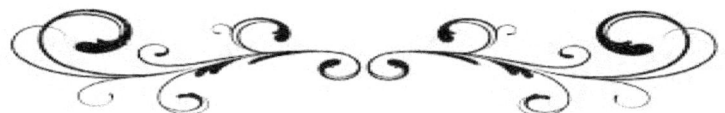

Ivette Santiago Hernández
(Zatara)

Nace en Boston Massachusetts un 21 de septiembre de 1977. Posee un grado técnico en Enfermería con certificación en Flebotomía del Instituto de Banca y Comercio y el EDIC College. Fue parte de Coro Guayama y participó como parte de un grupo de baile en la apertura artística de Los juegos Centroamericanos y del Caribe del 1993 en Ponce P.R. En el aspecto comunitario hoy día se desempeña como enfermera de cuidado directo al paciente en el hogar, cubriendo así todas las necesidades tanto físicas como emocionales. Actualmente reside en el pueblo de Cidra P.R con su amado esposo y sus cuatro talentosos hijos. Mujer decidida, con metas claras. Su carácter fuerte se percibe en cada verso de sus poemas. Inspirada por la vida misma y guiada por su fe. Es Ivette Santiago Hernández (Zatara) poeta que con el pasar del tiempo al igual que la madera, ha sido tratada, pulida y estructurada a un mejor estado.

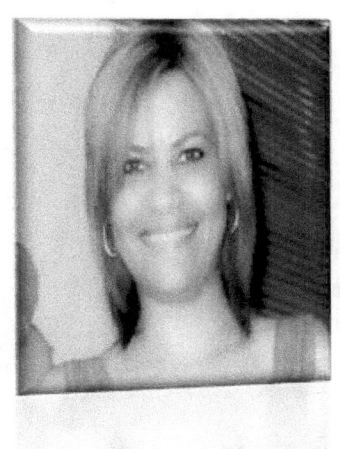

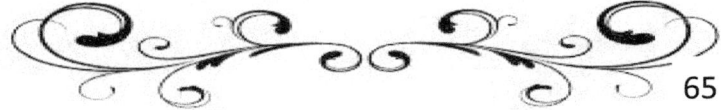

Zatara

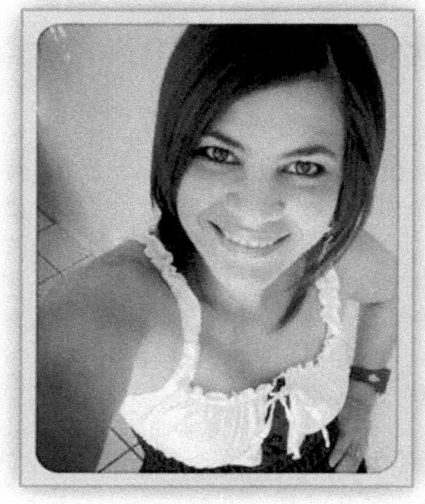

Madera a la deriva que el agua lleva y trae. Corteza que el viento acaricia, las olas son testigo de tu transformación. Madera rústica, madera sin forma el tiempo decide tu figura estilizada.

Serás tratada, formarás esculturas, darás refugio, tu apariencia agradable te hará popular.

Con los años adquirirás resistencia, además de belleza y la simetría perfecta para embellecer cualquier lugar.

Exótica o frondosa, oscura o clara, no importa si es dura o es blanda. Lo que un día fue madera a la deriva hoy será madera fina

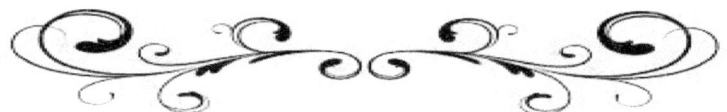

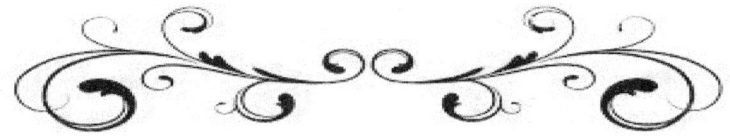

Somos

Somos una. Somos todas.
¿Estamos libres o nos sentimos presas?
¿Somos débiles o somos fuertes?
¿Qué tenemos en nuestra mente? o peor aún ¿Qué nos dicta
nuestro corazón?

¿Decidida? ¡Pues adelante!
Al diablo las excusas que sólo retrasan las ganas de luchar.
¿Te duele? ¡Pues aguántate!
No eres ni la primera ni la última que tendrá que pelear.
Somos una, somos todas en un mismo barco, guiadas por el
mismo timón.

¿Qué tienes miedo? ¡Perfecto!
Canalízalo y utilízalo a tu favor.
Que ese miedo sea tu arma y se convierta en rabia y en valor.
¡Ámate! ¡El tiempo ya te llegó!
¡Libérate! ¡Concéntrate! Dale rienda suelta a esa pasión.
Somos una, somos todas, con un mismo corazón.

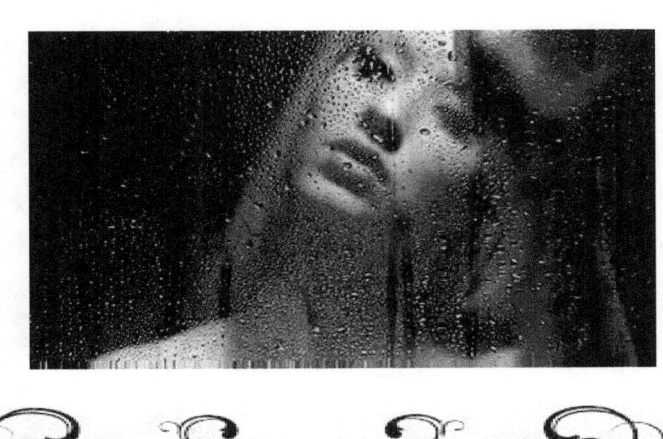

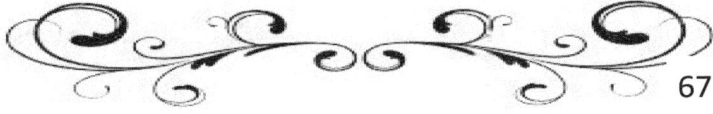

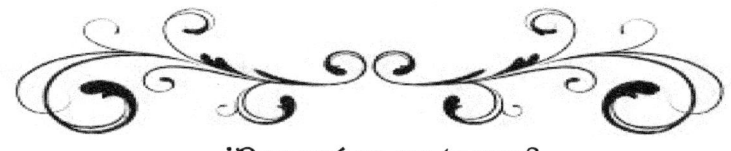

¿Por qué ya no te veo?

Hoy estás, te veo, te siento, me duermo, despierto y... ¿Por qué ya no te veo?
¿Te fuiste? ¿Sigues conmigo?
No lo entiendo, me parece que todo esto es un sueño.

Ayer reía, ¿Por qué hoy lloro?
¿Dónde están los besos que tanto añoro?

¿Y tú olor? ¿Quién lo opacó?
¿Tus carcajadas? ¿Quién fue capaz de arrebatármelas?

Tus pasos se fueron alejando, mientras yo buscaba tus tiernas manos. Tu presencia se me escapó, como el perfume a una flor.

El tiempo pasa, he madurado, pero ¿Por qué te sigo extrañando?
¿Es que acaso te eligieron demasiado rápido?

No hay día, no hay tiempo, nadie sabe cuándo llegará el momento. Se nace, se vive, pero... ¿Por qué ya no te veo?

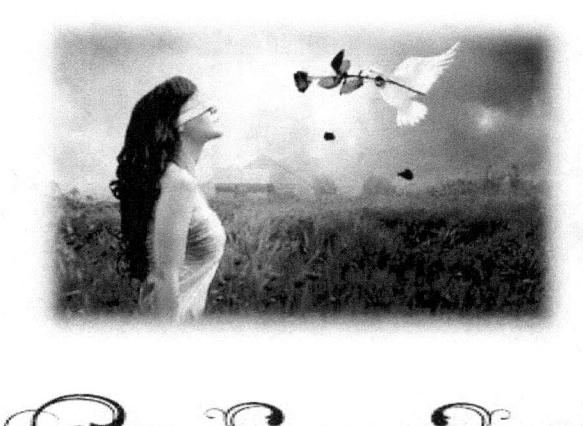

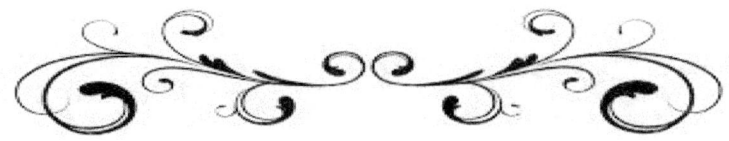

Paloma Viajera

Paloma que estás de viaje
y siempre libre serás.
Paloma que de tus alas
haz hecho un arma para pelear.
¡Qué audacia la tuya! Ahora nadie
de tus sueños te privará.
Habías viajado por la vida con ilusiones fugaces
y una que otra habías dejado escapar.
Tu fortaleza y valentía
te llevarán a donde quieras llegar.
No tengas miedo paloma viajera,
aunque obstáculos no te faltarán.
Tu gallardía hará de tu camino
uno más fácil de conquistar.
¡Vive!
Que tus heridas ya sanarán.
¡Ama!
Con la intensidad de un huracán.
¡Entrégate!
Con las mismas ganas, con el mismo afán.
¡Vuela!
Que la libertad te hará triunfar.

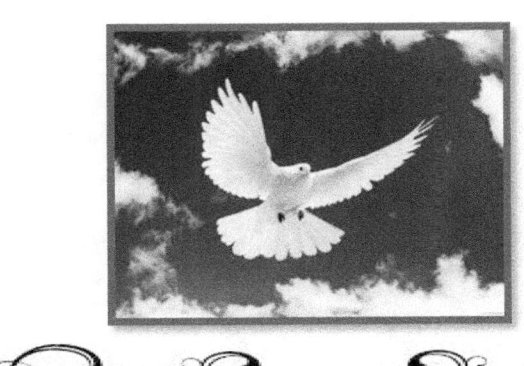

Mientras espero

Mientras espero observo con cautela y
analizo con profundidad.
Mientras espero, siento, respiro, lloro y río porque viviré mi
vida a cabalidad.

Mientras espero camino segura porque tengo sueños que
develar.
Porque voy con paso firme, porque nada es imposible y lo
que me proponga sé que lo voy a lograr.

Mientras espero construyo un castillo y educo a los míos con
tenacidad.
Mientras espero voy de la mano del hombre que amo y sólo
Dios decidirá.

Mientras espero que valga la pena, que no hayan cadenas
que me aten jamás.
Mientras espero brillaré con luz propia como lucero en el
cielo que nunca se extinguirá.

El Beso

¿Quién no ha dado un beso?
¿Quién no lo ha recibido?
Hay besos ricos, hay besos amargos.
Besos suaves o besos fuertes.
Hay besos secos y unos mojados.

¿Tú cómo los prefieres?
¿Los quieres de pico o un poco de lengua?
¿De esos cortitos o de esos eternos?
¿Los quieres con mordidita o un buen desgarrón de labios?
¿O de esos que te aprietan mucho más que las manos?

¡Que te besaron con los ojos abiertos!
Esos sí que son un espanto.
Para besar hay que sentirlo, vivirlo y disfrutarlo.
Cierra los ojos, acerca tus labios, siente su aliento y besa
despacio.

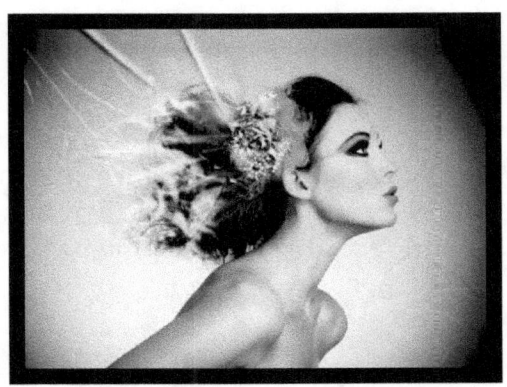

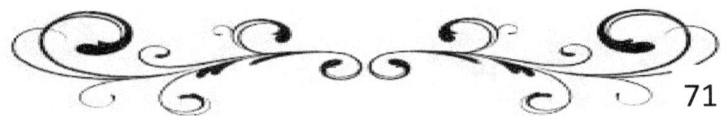

Lo que no volverá

Días de ocio sin preocupaciones. Tardes de juegos con amigos entrañables. Descalzos en la calle, corriendo sin miedo. Empapados bajo la lluvia hilvanando nuestros sueños.

Aquel primer amor y el beso inesperado. Caminar entrelazados, mirarnos con inocencia. Hablar de tonterías hasta ya pasada la madrugada mientras nos reímos de todo a carcajadas.

La comida de la abuela, los abrazos de mamá, las peleas entre hermanos, los domingos en familia, más los *limbers* de la esquina hacían de nuestros días unos más relajados.

Sin distinción de persona, no se hablaba de religión. La politiquería no existía, todo era algarabía, comunidad era sinónimo de unión.

Las fiestas de pueblo donde todos compartíamos. El baile sano, los bacalaítos fritos, el personaje de siempre que a todos deleitaba.

Historias de triunfos, de fracasos, de alegrías , de tristezas , de amor y desamor. Quedarán marcadas para siempre como un hermoso recuerdo. Lo que fue o no pudo ser, nos dará la sabiduría para enfrentar con delicia cada amanecer.

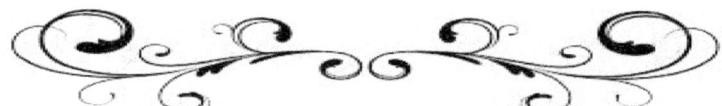

Silencio

Una noche en el mar donde la luna se dejaba acariciar por el viento, se oyen sólo las olas y todo lo demás está en silencio.

De lejos aún se escucha el sollozo de un corazón que llora, está vacío y añora que alguien se quede con él.

Necesita de un gran ser, que lo proteja sin hacerle más daño. Que lo cobije en un lugar seguro y a la vez que lo hagan estremecer, para luego así vencer su dolor sin miedo alguno.

Es un dolor profundo que sólo lo puede sanar, un amor que de verdad, esté dispuesto a enfrentar al mundo.

Tiene temor y está inseguro pero sus sentimientos no dependen de su razón, sino de esa gran pasión, de un latido indeciso, que perdió las ganas y el sentido del significado del amor.

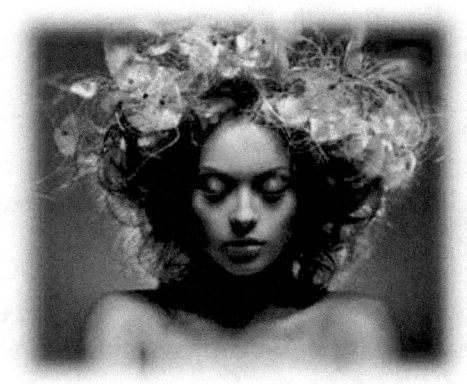

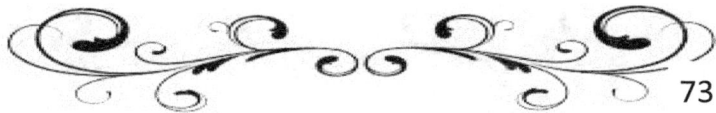

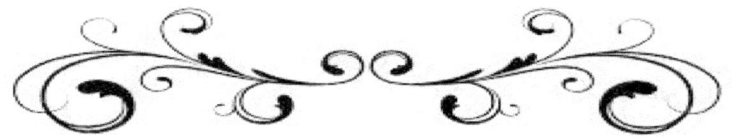

Crónicas de una embarazada

La prueba da positivo
mil preguntas por la mente pasarán
¿Será nene o nena será?
¿Se parecerá a papá?
¿Tendrá la nariz de mamá?
Luego caes en cuenta.
¡Que tostón el que me espera!

Comienzan los malestares mañaneros.
El sueño, los calambres, el cansancio.
los pies duelen, se te hinchan las manos.
Lloras por todo,
te enojas con el menos indicado.

Nunca te da hambre pero arrasas con la nevera.
Te ves gorda, te sientes fea y te molesta que te digan que
estás bella.
Que si tienes un brillo diferente en tus ojos
y que tu cabello adquirió vida.
Para tí todo eso es una vil mentira.

La ropa de soltera ya no te sirve
y la de maternidad te queda apretá.
Te acuestas temprano y te levantas a cada rato.
¡Bendito sea Dios otra vez en el baño!

Se acerca ese día que ansiosamente esperabas.
Te invade el miedo, el pánico pasea a tu lado.
Todos te miran contentos y tú ...
Con ganas de, reventarlos.

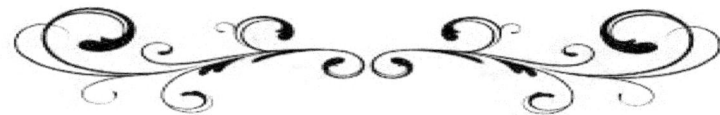

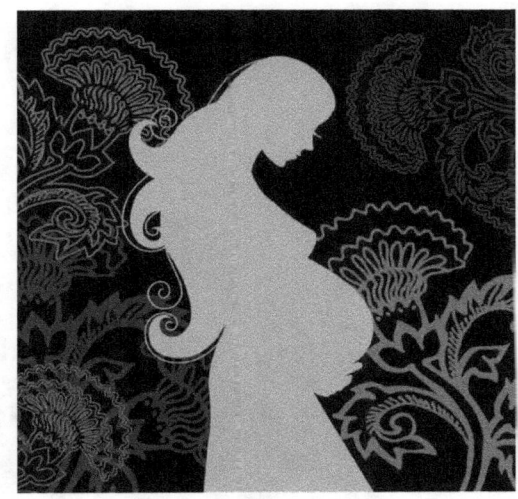

Ya estás en pleno
proceso
compartiendo tu
alegría,
pero nadie está
realmente en tus zapatos.
¡Puja mija! Se escuchan todos a coro.
Después de algunas horas por fin sale todo como esperado.

He aquí cuando haces un recuento.
Tu memoria ya no guarda aquellos lamentos.
¿De qué dolor me hablas?
¿Qué insomnio? ¿Cuál gordura?
Miras a los ojos a tu criatura
y ya nada duele, ya nada importa.
¡Te realizaste como madre!

¡Bendito Dios que bendijo mi vientre
para así volver a cometer esta locura!

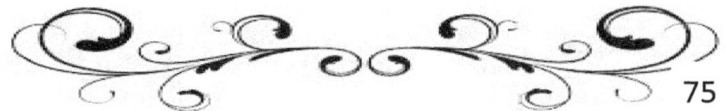

Elementos

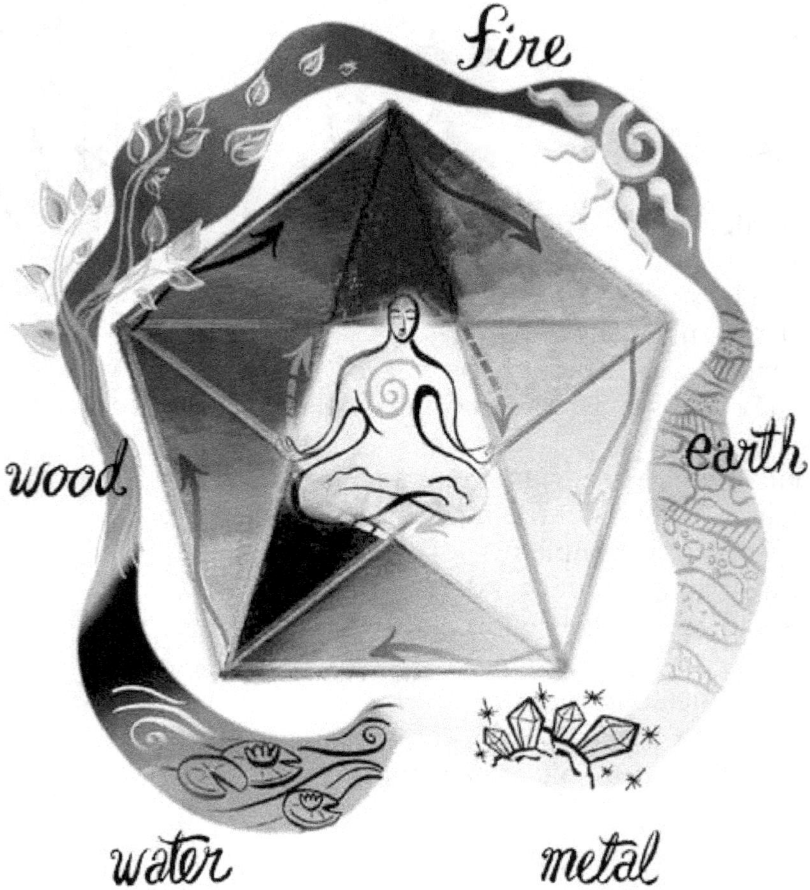

fire

wood

earth

water

metal

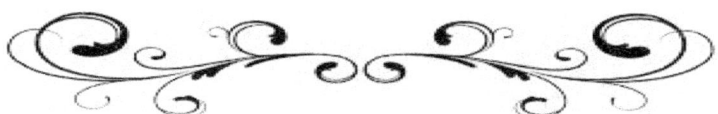

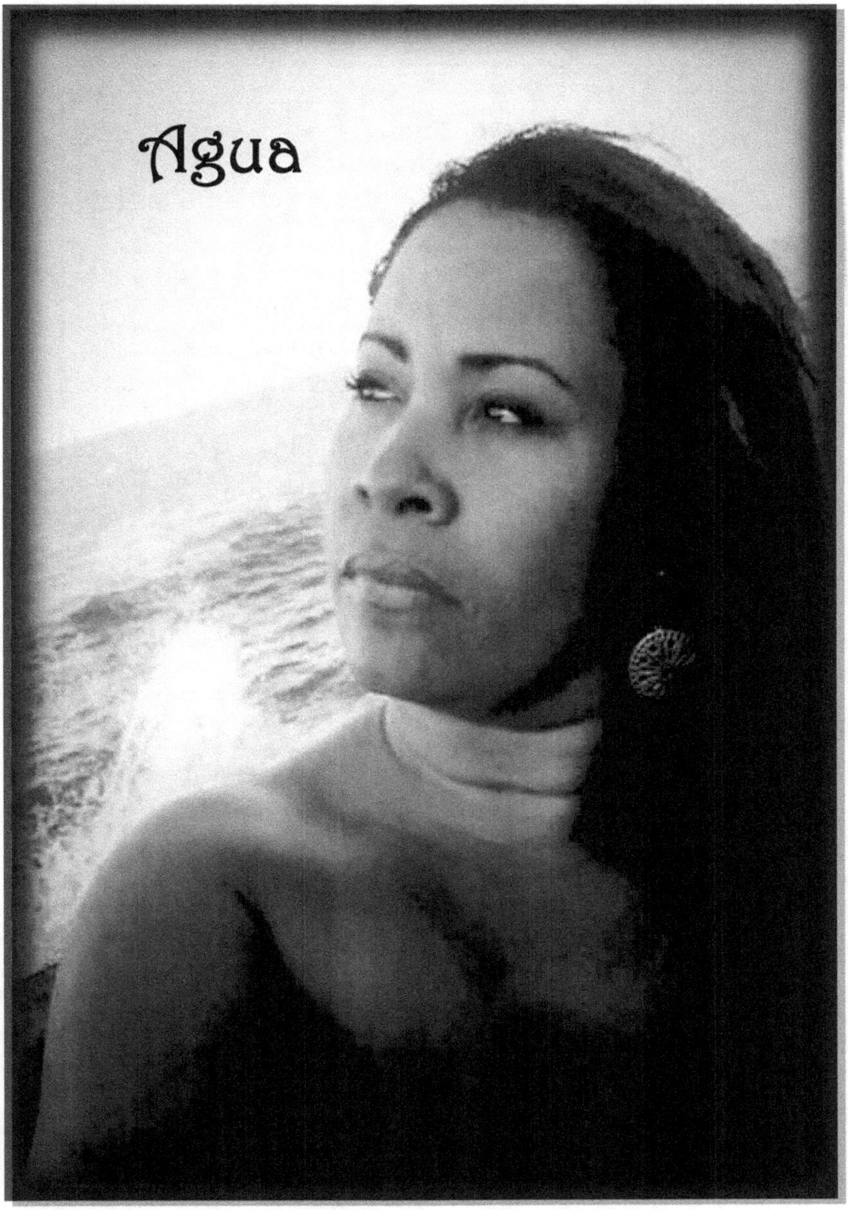

Agua

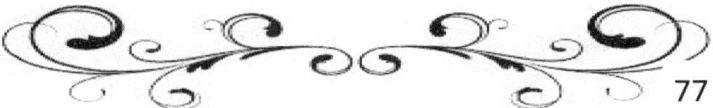

Fluye el agua sobre la tierra

Tierra árida y maltratada
Tierra que representa polvo
Al que he de volver un día, del cual fui creada.
Tierra que tanto necesita
Tierra que tanto das...
Agua envenenada que ya no nutre más
Agua necesaria con terror de escasez
Agua de naturaleza pura que ya no sé es...
Agua...Tierra...
¡Ay! de aquellos que te maltratan,
Ay! de aquellos que sólo te gastan
Un día sin tú saberlo
Pagarán por lo que hoy te arrebatan.
Mas tú, tierra poderosa,
Bendecida por el agua que al nacer te bendijo
Sanarás de tus dolencias,
Refrescarás tu alma
Y resurgirás de nuevo
Como un ave Fénix
Como que nunca has sufrido
Como nada te ha dolido
Porque cuando el agua caiga desde el cielo
Sobre tí, infundirá su aliento
Y no habrá quebranto...
Sólo habrá canto, un canto de alegría
Que sólo tú, tierra de mis adentros
Habrás sanado por el AGUA...

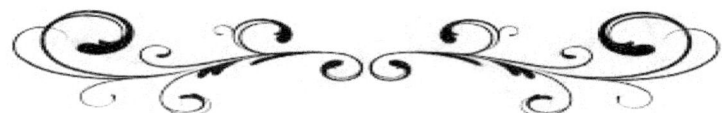

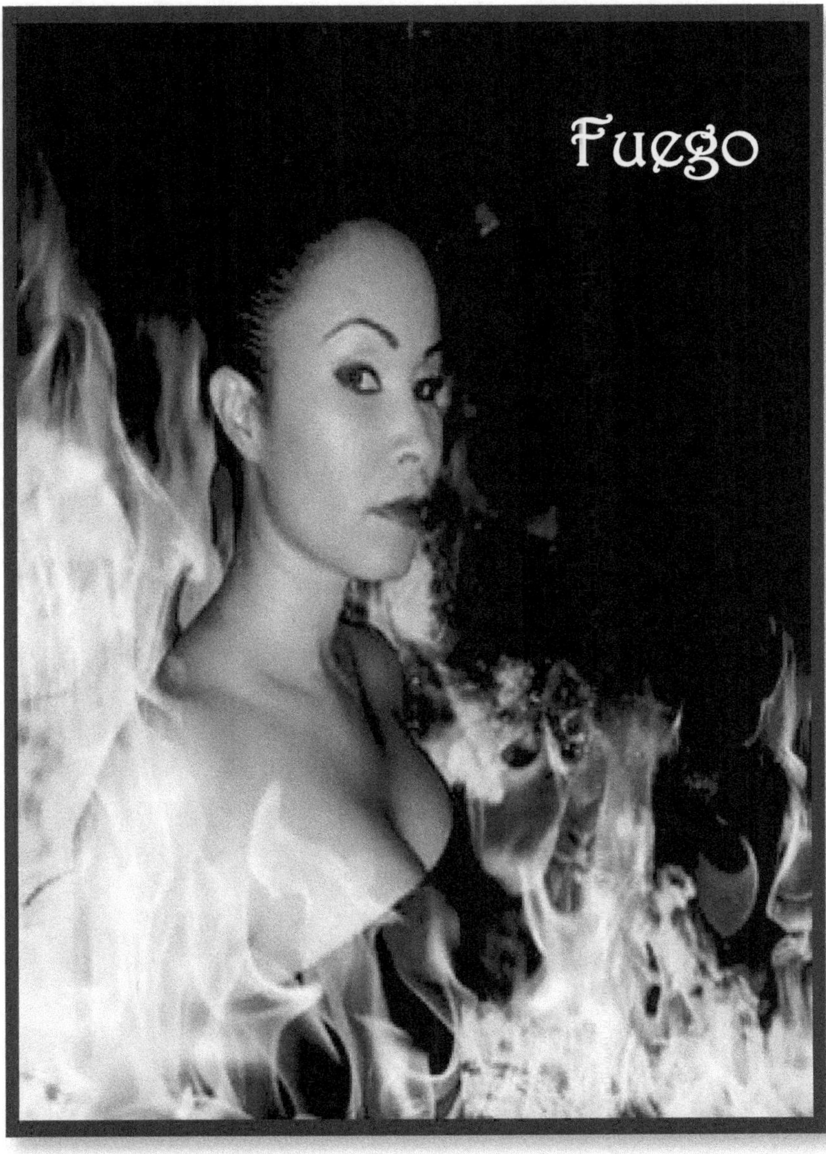

Fuego

Ardes en mí

Ardes en mí ,me saturas
me calmas, me purificas
corres por mis venas
me impacientas, a la vez me llenas
Llamas que arden, sensualmente llenan
Mas sin embargo desesperan.
Calor apasionado, sudor inesperado.
Gemido, dolor intenso
que llena mi alma cual descarrilada clama.
Clama satisfacción, clama amor
Fuego que llena mi ser de candor.
¡Pasión! fuego ardiente
eróticamente quema sin freno
estallido de emoción
cual feroz fiera que devora mis entrañas.
Fuego caliente, llamas que reflejan mi deseo
Ternura sin par
Eterno amor calor.
¡Devórame FUEGO, que quiero ser tu amor!

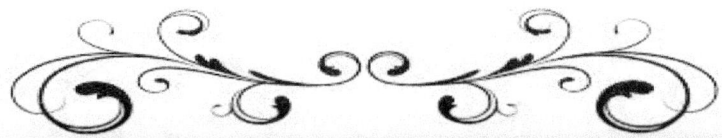

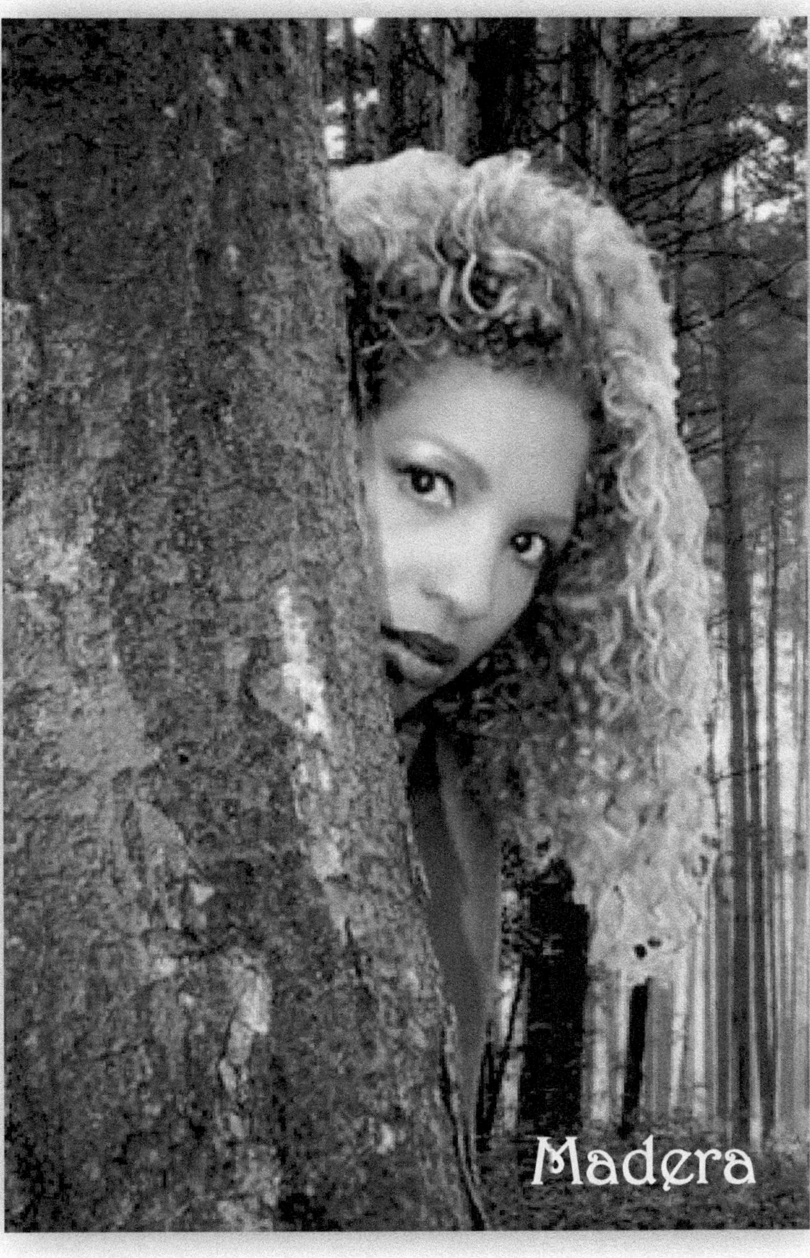

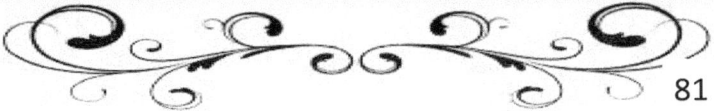

Madera

¿A qué le temes?
En retomar tu vida.
Sola.
Eres de pasos sólidos.
¿A qué le temes?
¿Al prejuicio?
¿A no tener logros?
¡Hembra emprendedora eres!

¿Sabes?...
No te inquietzs, rompe barreras.
La más Hermosa, la que alumbra de energía este mundo machista.
Energía máxima, inalterable ,que das a luz las estrellitas cósmicas que han de alumbrar los horizontes con su espectacular luz.
¿A qué le temes?
Dentro estalla la gran fortaleza de luchar. ¡Independízate!
¡No aceptes mediocridad, exige!

¡Reclama!
Que no te dé la gana que destruyan tu elemento, eres de todas, eres de todos.
Todos los elementos juntos te convierten en mujer indestructible, invencible por demás.

Demanda, exige, ya que das lo mejor de tí. Incomparable, esplendoroso ser.
Firme, riges el mundo.
Valiente, atrevida.

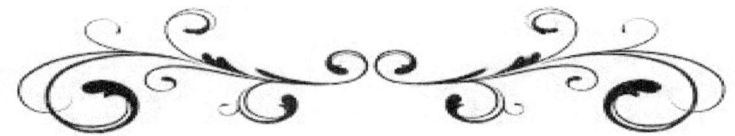

Diosa de todos, orgullosa, todos a sus pies.
Lomo recto, frente en alto.
¡Valorízate!

Venciste, lo lograste, audaz mujer.
Hembra inquebrantable
Hembra indomable, rebeldía de mujer.

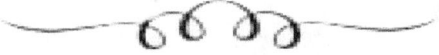

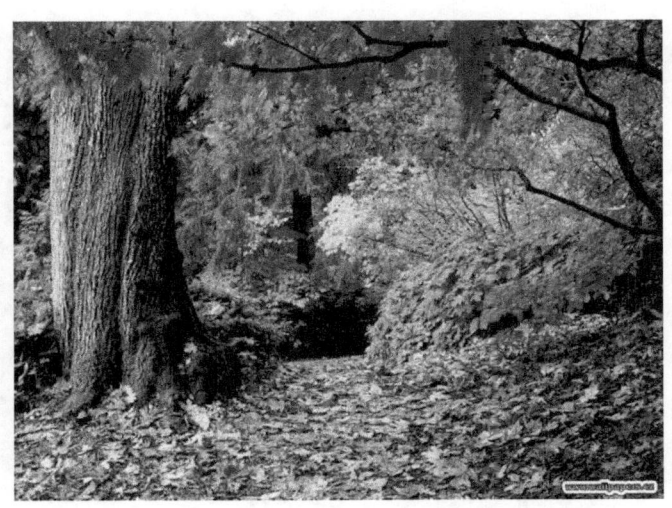

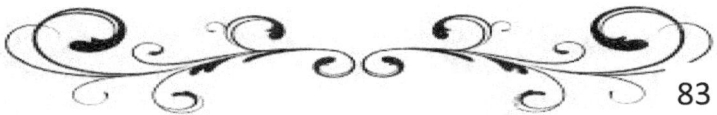

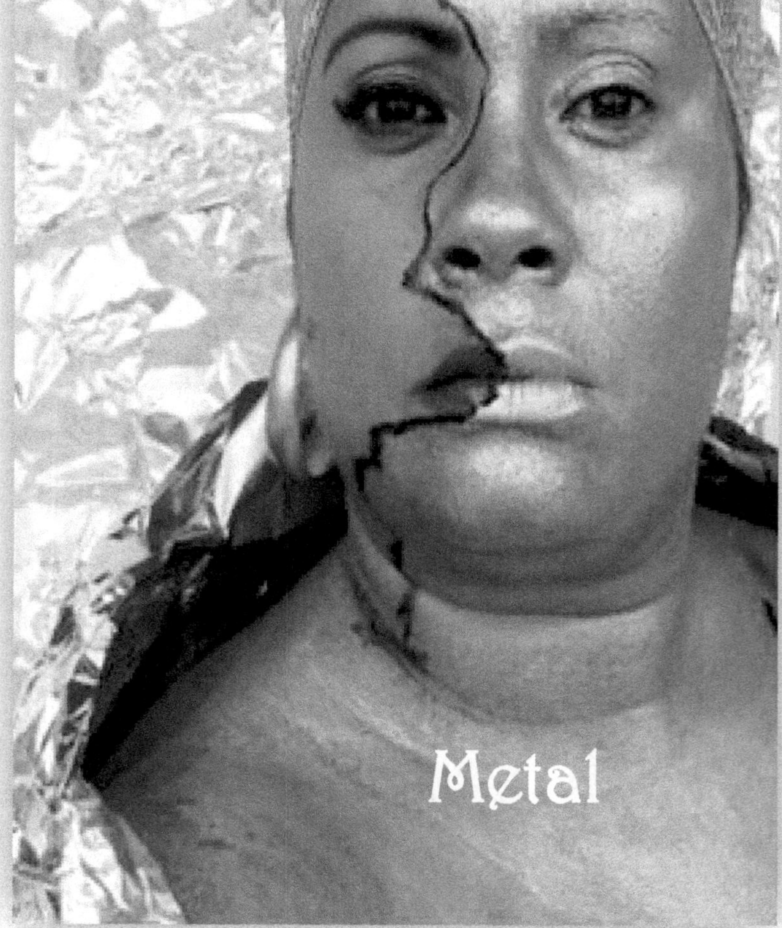

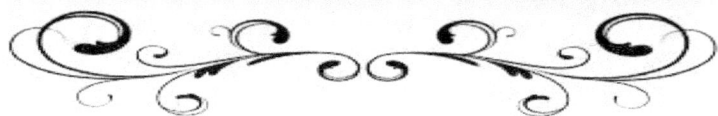

Metal

Él y Yo

De la tierra naciste
en ella te encuentran
aún con tu rústica forma
muchos te desean.

Con valor inimaginable
difícil de hallar
el que tiene la dicha
riquezas y abundancias tendrá.

Fuerte, brillante, moldeable...
duradero e impresionante
aunque el tiempo no sea tu amigo
y la corrosión trate de eliminarte.

Hermoso después de pulir
y de manera muy elegante
puedes tener muchas formas
que clasifican como arte.

Saliste de la madre tierra
yo también de una madre
mi comparación contigo
es como al dedo su anillo.

Brillante... a veces moldeable
Presencia fuerte ante la vida
aunque tenga mil obstáculos
no terminaré vencida.

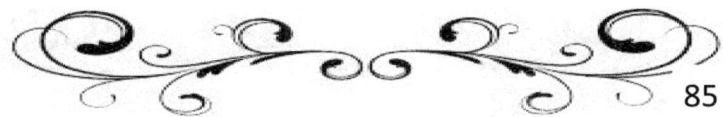

¿Rustica o muy natural?
Sí, esa soy yo
Al igual que el metal después de pulir
La esencia y hermosura salen a relucir.

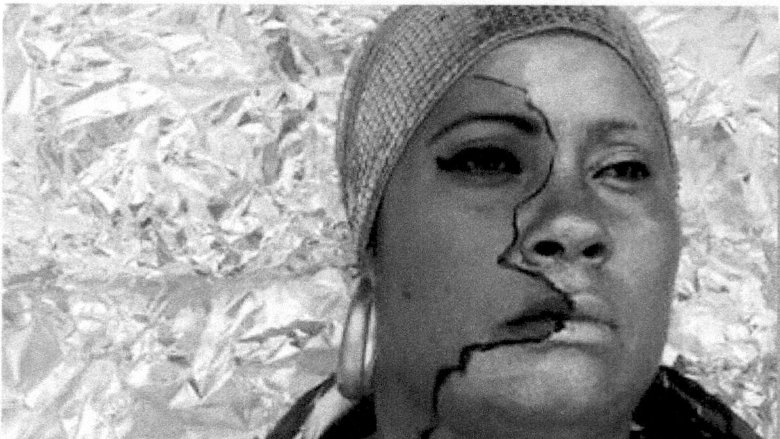

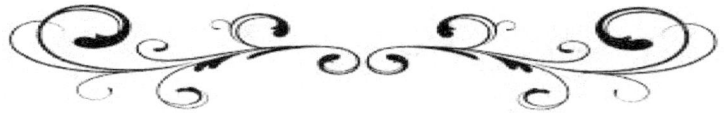

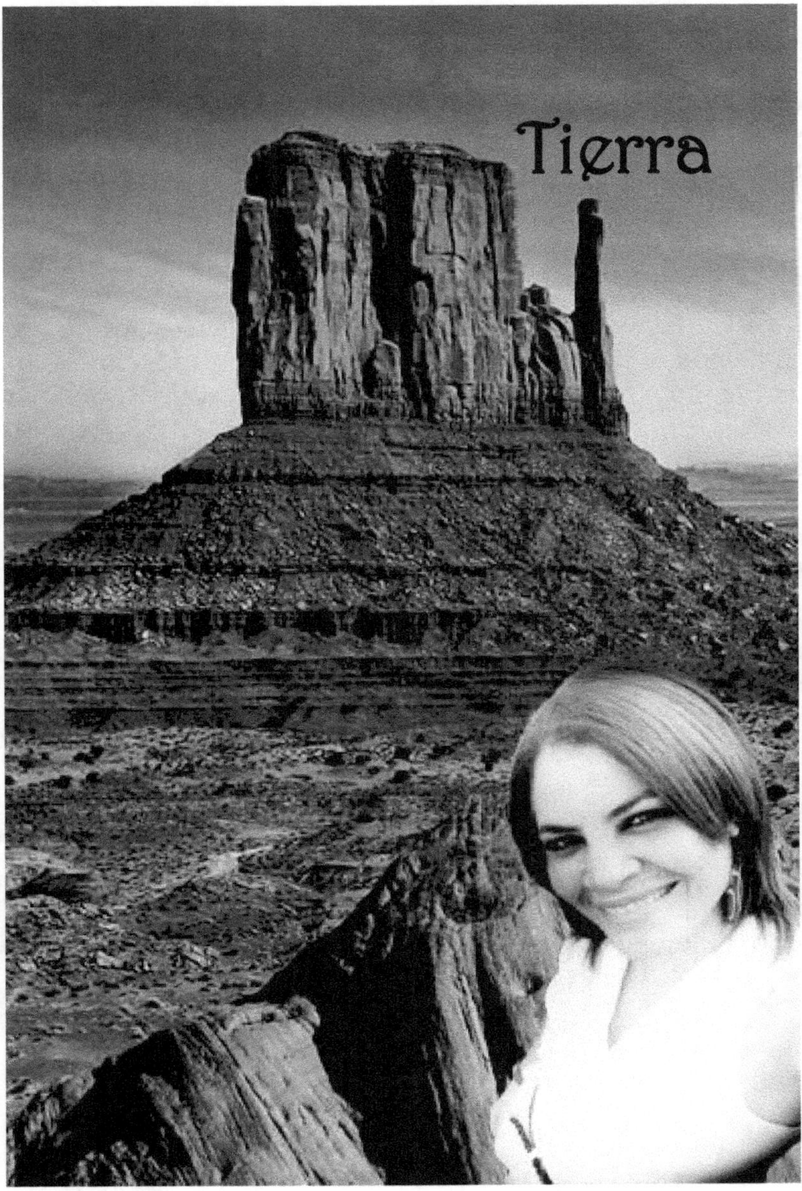

Tierra

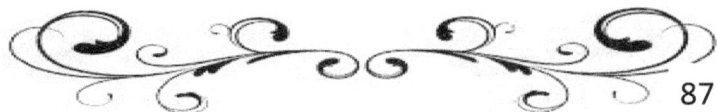

Señora de la naturaleza

Matriz Universal. Eres inmaculada, eres fértil, de tí provenimos y a tí debemos regresar.
Femenina resistente que con tu sensualidad, atraes a los más fuertes y te dejas conquistar.

El tiempo te ha endurecido, pero el hombre te ha sabido moldear.
No dejes que el fuego queme tu integridad.
Déjate purificar por el agua, el dulce agua de manantial.

Albergas en tus entrañas tesoros secretos que con el tiempo florecerán.
Harás de ellos madera fina y metales preciosos que luego te acompañarán.

Aférrate a la vida, no dejes que tus heridas te hagan perder la fe.
¡Todavía respiras!
¡No te dejes vencer!
Fija bien tus raíces y vuelve a renacer.
Danos tiempo de recapacitar.
Danos tiempo de volverte a enamorar.

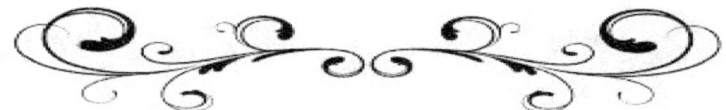

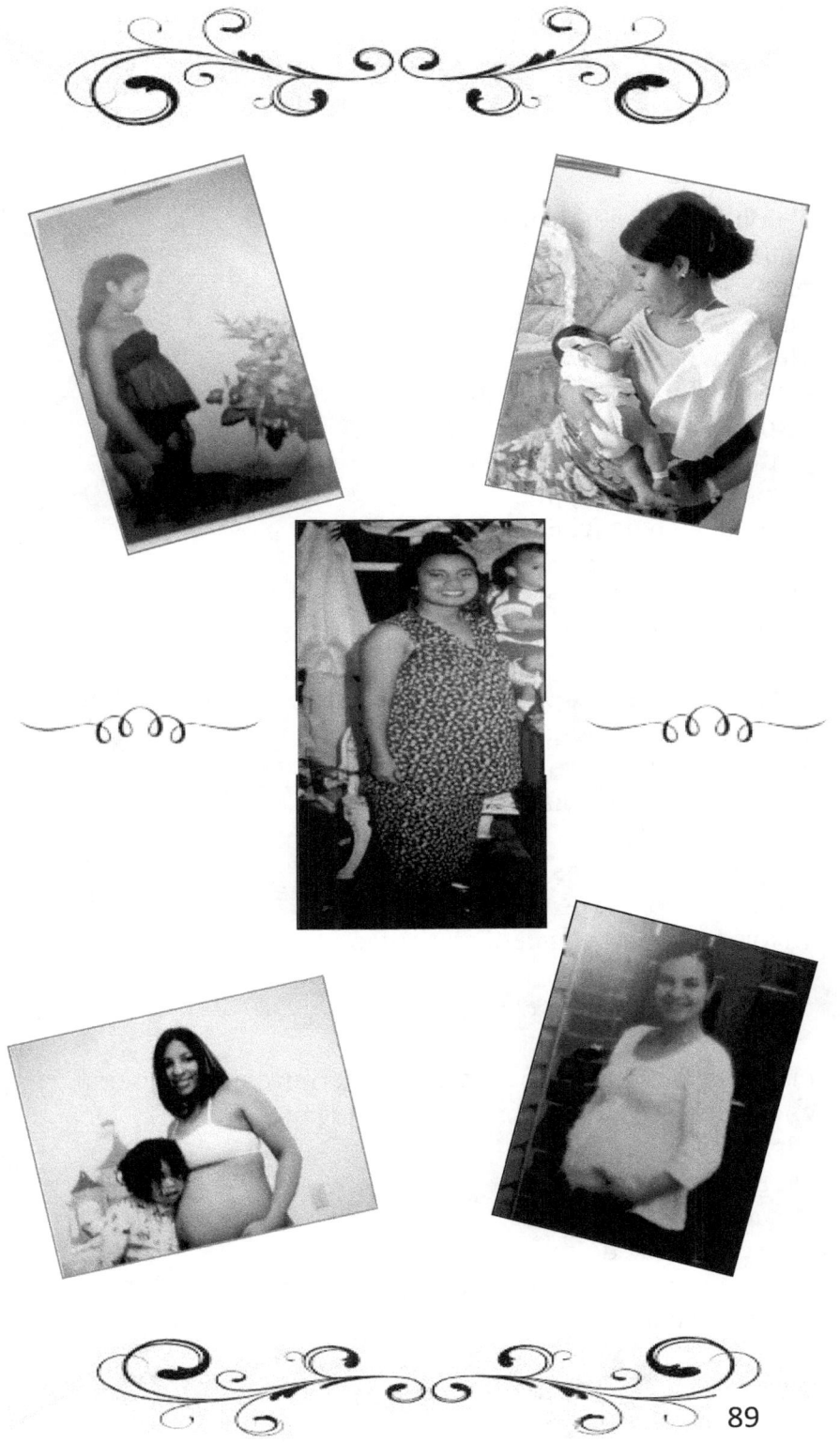

Seguidilla a la Maternidad

Palpita de felicidad mi corazón,
llena de ilusiones mis noches y días
blanco amor.
Amor engendrado por amor.
Amor real,
semilla de amor.
Jardín de Flores ,
jardín de madre,
amor de madre sin fin.
mi vida llena de felicidad y Fortaleza.
Madre en constante Paz de lucha.
Realizada con fuerza pura,
Ángeles de amor.

Amor fecundado, de mi vientre naciste.
Dolor olvidado, te tuve en mis brazos.
Sonrisa cautivadora
Amor a primera vista.

¡Que giro enorme ha dado mi vida!
Lo más puro, lo más sincero.
Amor del bueno que cada día crece.
Infinito y profundo sentimiento,
de esos que inundan el pecho.

Mi pecho palpita, lleno de amor, de ternura y de emoción,
en mi vientre estás, en mi vientre estuviste.
¡Amor de madre!
Dios nos bendice
Hombre que marchita,
que lo llena de dolor.
Ser madre no es tarea fácil,
se sufre, se llora y se fortalece.

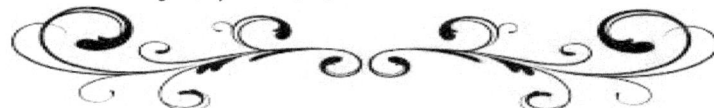

sin lugar donde se haya escrito
como para dejarse llevar y hacer lo dicho.
Mas somos escogidas...
Para amar, criar y dejar que vivan.
Ser madre es un don, es una bendición
de la cual estoy agradecida a Dios

Más allá del entendimiento,
está la fe de creerlo
de que son los hijos el milagro
que por nueve meses llevamos dentro.

Como llevamos amor
como llevamos el miedo
como llevamos la intención
de hasta quedarnos sin aliento.

Un día mi Dios me bendijo
y por eso siempre doy gracias,
por haberme permitido
parir a las que me sacian.

Por eso mi corazón se parte
al ver tanta mujer sin alma
que por la razón que fuere
deciden optar por no tomarla.

La decisión para la que fuimos creadas
como seres únicas e irrepetibles.
Que ni la ciencia ni otras aguas
podrán vencer ni ser compatibles

Cuando pienso en mis criaturas
que cargué con ilusión, en la espera...
muy pequeños e indefensos

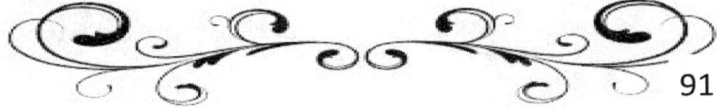

cuidarlos, criarlos, mimarlos ...
tarea que realice como una fiera.
Para verlos convertirse en hombres
de bien y con valores en la vida, afuera...
verlos es la recompensa más grande
y escucharlos decir TE AMO,
¡Claro que valió la pena!

CINCO somos y tuvimos quince...
quince tesoros y seres de bien.
Todavía nos falta mucha tarea
pues es el trabajo que nunca termina
es la bendición de ser mamás gallinas
Todas hemos luchado, solas o acompañadas
tarea de dolor, alegría, tristeza y gozo
pero que con el amor de todas unidas
hemos podido, salir adelante en un abrazo
que este mismo lazo
de ser madres y poetas
nos siga ayudando siempre
a seguir adelante en nuestra meta.

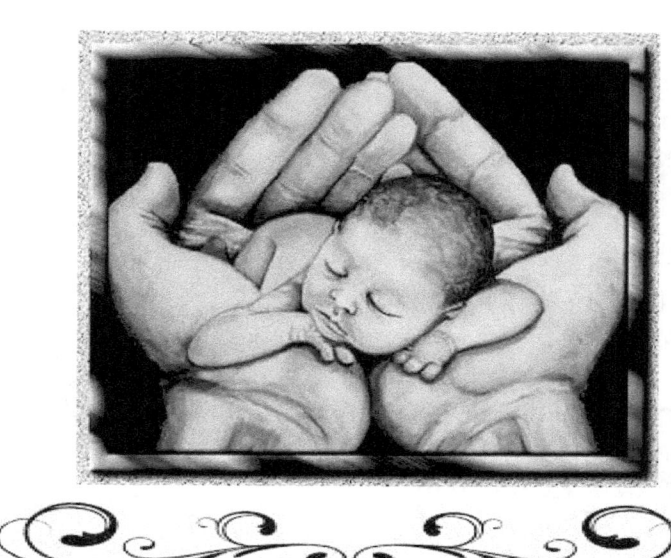

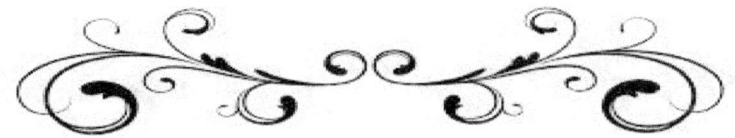

Son Cinco

Son cinco como ramas de un árbol frondoso pronto a
florecer
Son féminas como ardientes rayos de sol dispuestas a
quemar lo que pudre y corroe
Son almas en busca de libertad soñada
Son gotas de agua de rocío al amanecer
Son cobijo para el que está en desamparo, ofreciendo un
techo donde guarecer
Son titanas que en el Olimpo se recrean observando,
divisando si hay asecho o ataque brutal
Son soldadas, guerreras de lucha santa que como en las
cruzadas buscan un signo de paz
Son torpedos que en velocidad incontable pueden hacer
desaparecerSon guerra
Son paz
Son amor
Son vacío hacia el que no respeta
Son ternura
Son fieras
Son lobas
Son ovejas
Son hermanas juramentadas
Son cinco
Son quíntuples por naturaleza divina
En lucha por la existencia y resistencia a la esclavitud
Son LIBERTAD

Escrito por Solangedar

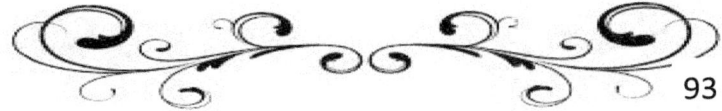

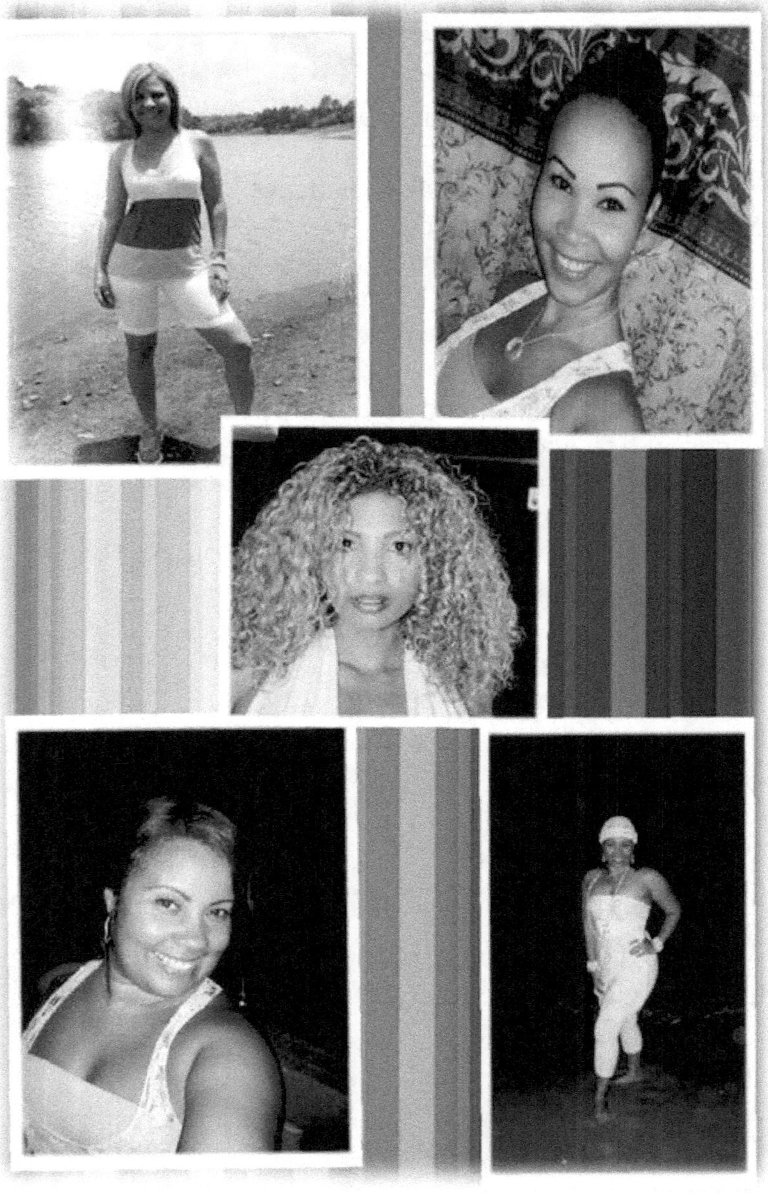

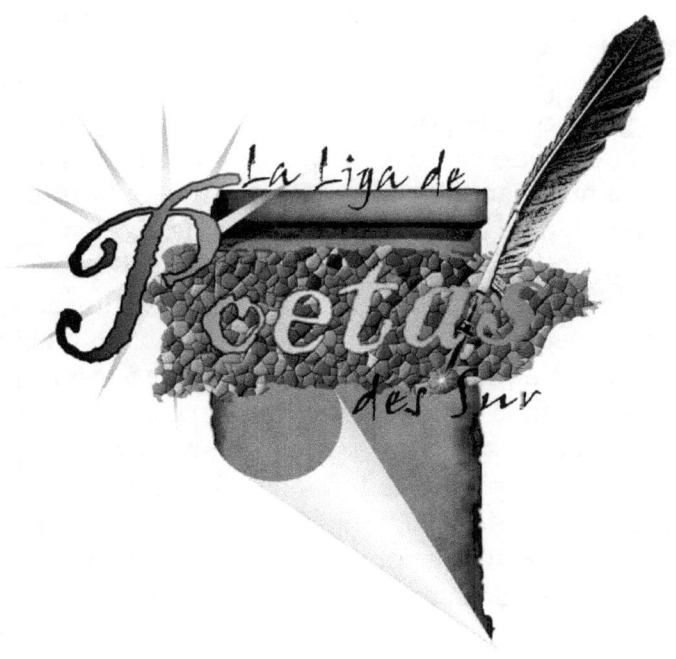

La Liga de Poetas des Sur

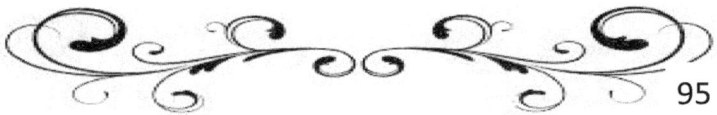

La Liga de Poetas del Sur, Inc., es un movimiento literario y cultural fundado en noviembre del 2009 por la gestora cultural Nora Cruz, y un grupo de poetas, declamadores y amantes de las letras, la cultura y el arte. Desde sus inicios, los miembros de la Liga de Poetas del Sur han sido muy activos en organizar y llevar a cabo actividades destinadas a destacar, promover y desarrollar la actividad literaria, y en especial, el género de la poesía en el área sur-sureste de Puerto Rico (teniendo representación de los pueblos de Guayama, Salinas, Santa Isabel, Coamo, Arroyo, Patillas y Maunabo). La Liga ha celebrado bohemias, festivales culturales, certámenes literarios y talleres, además de colaborar con otros grupos literarios y cívico-culturales, en su búsqueda de cumplir con su misión. El año 2013 ha sido un año significativo para la Liga de Poetas del Sur Inc., por el fuerte desarrollo en la producción y publicación de libros, cumpliendo finalmente con su visión original tras muchos años de trabajo. Ahora, con la fundación de su propio sello editorial (Colectivo Editorial la Liga de Poetas del Sur), los miembros de la Liga se proponen rescatar y promover los trabajos de decenas de escritores a quienes se les ha hecho difícil el proceso de la edición y publicación de sus obras.

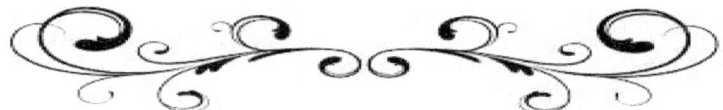

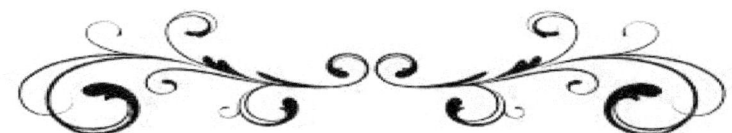

Este libro se terminó de imprimir bajo el Colectivo Editorial
de la Liga de Poetas del Sur en Guayama, Puerto Rico 25 de
septiembre 2013 .

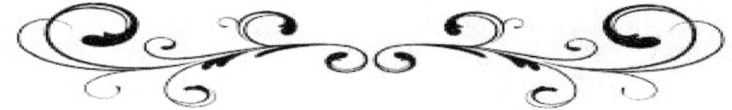

www.ingramcontent.com/pod-product-compliance
Lightning Source LLC
Chambersburg PA
CBHW051341170526
45166CB00002B/911